CHEF DE LA KÖSCH

DAS KÖLN KOCHBUCH

CHEF DE LA KÖSCH

DAS KÖLN KOCHBUCH

Chef de la Kösch. Das Köln Kochbuch

Autorin: Gisela Muhr

Printed in Poland 2015

ISBN 978-3-939722-94-6

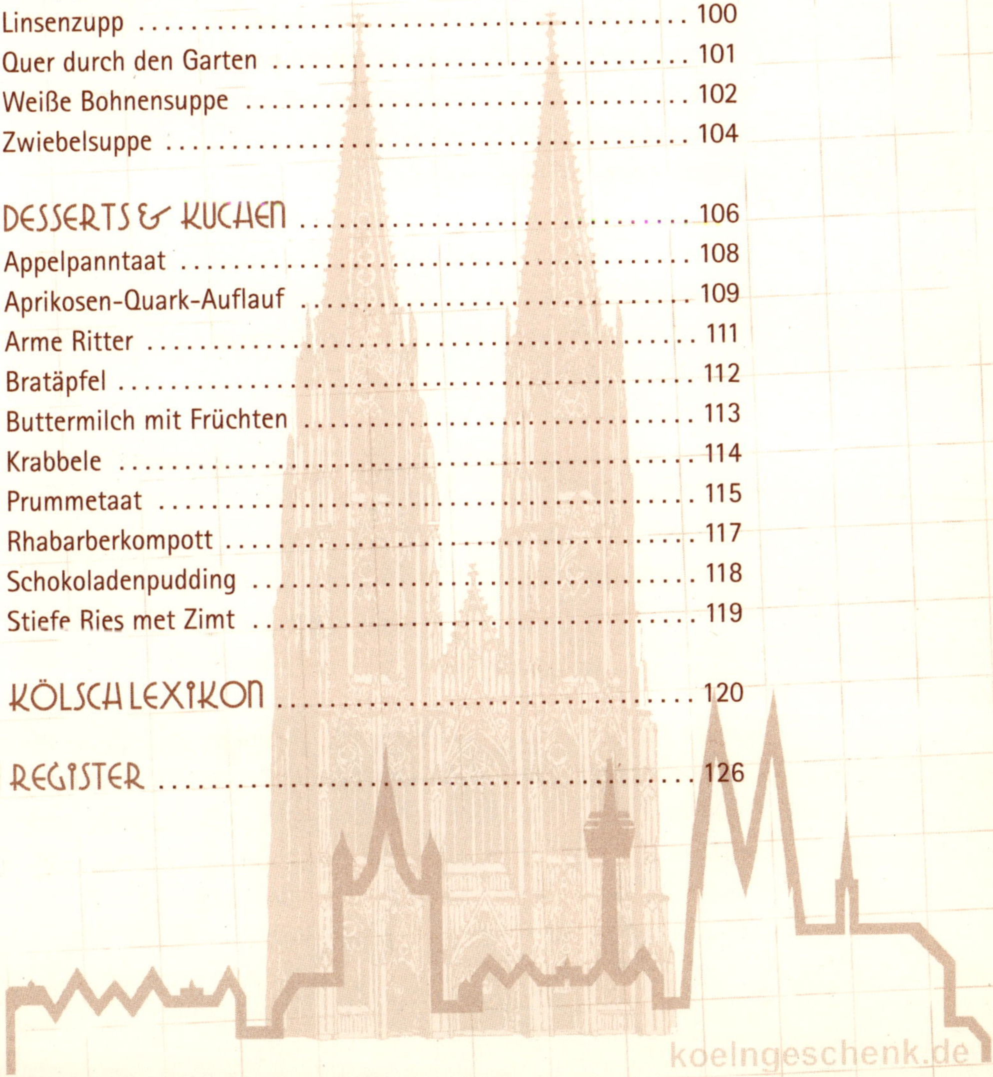
koelngeschenk.de

VORWORT

„MER LOSSE D'R DOM EN KÖLLE"

(Liedtitel der Kölner Band Bläck Fööss)

Der Kölner Dom, Wahrzeichen Kölns, ist Dank der Reliquien der Heiligen Drei Könige eine der bedeutendsten Wallfahrtskirchen Europas und Weltkulturerbe der UNESCO. Die gotische Kirche, deren Nordturm eine Höhe von 157,38 Metern aufweist, prägt unverkennbar das Stadtpanorama. Und jedem Kölner wird es warm ums Herz, wenn er nach längerer Abwesenheit „singe Dom" wiedersieht.

Köln, flächenmäßig nach Berlin und Hamburg die drittgrößte und älteste Stadt Deutschlands, hat eine 2000-jährige Geschichte. Das römische Colonia entwickelte sich zu einem wichtigen Handels- und Produktionszentrum im Römischen Reich. Überall in Köln finden sich Reste römischer Bauwerke.

Die Stadtmauer mit ihren Toren (z.B. Severinstor, Eigelsteintor, Hahnentor), Wasserleitungen, der Römerturm, das Praetorium, aber auch Exponate im Römisch-Germanischen Museum können heute noch besichtigt werden.

Im Mittelalter erlebte Köln eine Blütezeit und wurde zu einer der reichsten Städte im deutschsprachigen Raum.

„KÖLLE AM RHING"

(Liedtitel des Kölner Sängers King Size Dick)

Der Rhein machte Köln zur Handelsmetropole, brachte der Stadt Wohlstand und wird nach wie vor wegen seines Hochwassers gefürchtet. Ob man es nun glaubt oder nicht, aber in früheren Zeiten, als das Wasser noch nicht durch die Großindustrie verunreinigt war, konnte man im Rhein frischen Fisch angeln.

„Die Hüsjer bunt om Aldermaat"

(Liedtitel der Kölner Jupp Schlösser, Text und Gerhard Jussenhoven, Melodie)

Die Kölner Altstadt, direkt am Rhein gelegen, sticht durch ihren historisch anmutenden Charakter hervor. Neben den dicht an dicht stehenden alten Häusern mit ihren schiefen Giebeln befinden sich in der Altstadt zahlreiche Gotteshäuser. Nach der umfassenden Altstadtsanierung wurde auch „Groß St. Martin" wiederaufgebaut. Das Viertel rund um diese imposante Kirche mit ihrem Vierungsturm heißt „Martinsviertel". Besonders an den Wochenenden tummeln sich in der Altstadt und in der Innenstadt mit ihren Bars, Diskotheken, Clubs und den traditionellen Brauhäusern Einheimische und Touristen.

„Denn wenn et Trömmelche jeit"

(Liedtitel der Kölner Band De Räuber)

Die „fünfte Jahreszeit" beginnt am 11.11. um 11.11 Uhr auf dem „Alter Markt" in der Kölner Altstadt. Karneval, insbesondere der Rosenmontagszug, ein nicht unerheblicher Industriezweig, ist bis heute eine Touristenattraktion und lockt Menschen zu Tausenden nach Köln, um dem bunten Treiben beizuwohnen.

Höhepunkt jeder Karnevalssitzung ist das Kölner Dreigestirn, bestehend aus Prinz, Bauer und Jungfrau. Die „tollen Tage" enden am Aschermittwoch mit der Nubbelverbrennung. Der Nubbel ist eine Strohpuppe, bekleidet mit Hose und Hemd, die zur Karnevalszeit über den Kneipentüren angebracht wird. Sie ist Sündenbock für die „Vergehen" der „braven" Bürger und wird deshalb in der Nacht zum Aschermittwoch verbrannt und feierlich mit Kerzenlicht „zu Grabe" getragen.

„HEIMWEH NACH KÖLN"

(Liedtitel des Kölner Liedermachers und Komponisten Willi Ostermann)

Köln, mit über 1 Million Einwohnern, ist eine pulsierende Kunst- und Messestadt von Weltrang und hat unwahrscheinlich viel zu bieten. Zahlreichen Museen und Kirchen mit hochkarätigen Kunstschätzen, Theater (Schauspielhaus, Volkstheater Millowitsch, Senftöpfchen, Der Keller, Im Bauturm, Hänneschen-Theater, Theater am Dom u.v.m.), Oper, Philharmonie und Musical Dome bieten dem Besucher eine reiche Auswahl an Veranstaltungen – und wer die Wahl hat, hat die Qual.

„BLOOTWOOSCH, KÖLSCH UN E LECKER MÄDCHE"

(Liedtitel der Kölner Band Höhner)

Köln, geprägt von einer langen kulinarischen Tradition, bietet eine gutbürgerliche und herzhafte Küche. Einfache Gerichte wie Halve Hahn, Kölsche Kaviar und Soleier werden als kleine Zwischengerichte zum Kölsch sehr geliebt. Muscheln, Rievkooche und Hirringsstipp sind aus den Kölschen Brauhäusern nicht wegzudenken. Aber immer ist die „Kölner Küche" schmackhaft und ohne viel Aufwand nachzukochen.

KÖLSCHES GRUNDGESETZ

Artikel 1
ET ES, WIE ET ES.
Sieh den Tatsachen ins Auge.

Artikel 2
ET KÜTT, WIE ET KÜTT.
Habe keine Angst vor der Zukunft.

Artikel 3
ET HÄTT NOCH IMMER JOT JEJANGE.
Lerne aus der Vergangenheit.

Artikel 4
WAT FOTT ES, ES FOTT.
Jammere den Dingen nicht nach.

Artikel 5
ET BLIEV NIX WIE ET WOR.
Sei offen für Neuerungen.

Artikel 6
KENNE MER NIT, BRUCHE MER NIT, FOTT DOMET.
Sei kritisch, wenn Neuerungen überhandnehmen.

Artikel 7
WAT WELLSTE MAACHE?
Füge dich in dein Schicksal.

Artikel 8
MAACH ET JOT, ÄVVER NIT ZE OFF.
Achte auf Deine Gesundheit.

Artikel 9
WAT SULL DÄ QUATSCH?
Stelle immer zuerst die Universalfrage.

Artikel 10
DRINK DOCH ENE MET.
Komme dem Gebot der Gastfreundschaft nach.

Artikel 11
DO LAACHS DE DICH KAPOTT.
Bewahre dir eine gesunde Einstellung zum Humor.

Artikel 12
KÜSTE HÜCK NIT, KÜSTE MORJE.
Nur keine Eile.

Artikel 13
BLIEV WIE DE BESS.
Lass dich nicht verbiegen.

Blick auf Groß St. Martin
und den Kölner Dom

VORSPEISEN

BIERZUPP

Für 4 Personen
Zubereitungszeit: 10 Minuten
Kochzeit: 15 Minuten

Einkaufsliste
1 l Kölsch
3 El Butter
4 Scheiben Weißbrot (altbacken)
4 Eier
Salz
1 Prise Zucker

Garnierung
Schnittlauchröllchen

„Wat söns noch?"

„Der eschte Kölsche" mag eigentlich nur ein Getränk, nämlich Bier. Und zwar ausschließlich das echte, obergärig gebraute Kölsch. Der Kölner ist in dieser Hinsicht vielleicht etwas „eingeschränkt", aber klar ist – wenn er etwas liebt, dann aber vollkommen kompromisslos. Und wie sang schon Willy Millowitsch: „Bier her, Bier her, oder ich fall um!"

Vorbereitung

Das Bier in einem Topf langsam erwärmen, nicht kochen lassen.
1 El Butter dazugeben und schmelzen lassen.
Das Weißbrot von der Rinde befreien und in Würfel schneiden.
Die Eier in einer Schüssel aufschlagen und verquirlen.

Zubereitung

In einer Pfanne die restliche Butter erhitzen und die Weißbrotwürfel darin goldbraun anrösten.
Die Eier in der Schüssel mit einigen Löffeln heißem Bier verrühren (damit die Eier die Temperatur annehmen und nicht stocken). Die warme Eiermasse in das heiße Bier gießen und verrühren. Die Suppe mit Salz und Zucker würzen.

Servieren

Die Weißbrotwürfel auf Suppenteller verteilen und die Suppe dazugießen. Mit Schnittlauchröllchen garniert servieren.

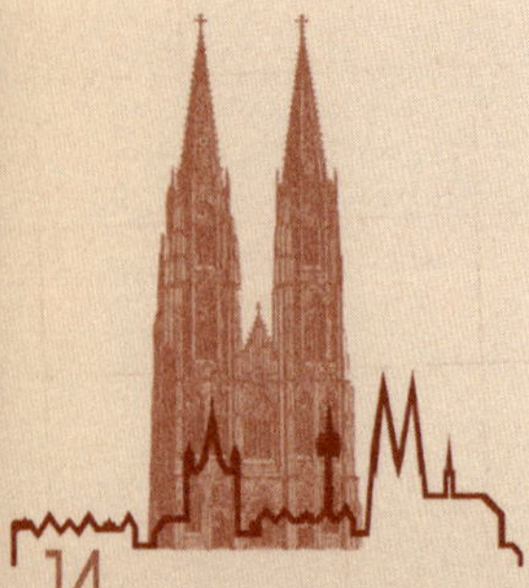

Für 4 Personen
Zubereitungszeit: 20 Minuten
Kochzeit: 20 Minuten

Einkaufsliste
1 mittelgroße Sellerieknolle
Saft von 1 1/2 Zitronen
300 g Feldsalat
1 Zwiebel
1 El Sonnenblumenöl
Salz
Pfeffer

Feldsalat mit Sellerie

Vorbereitung

Die Sellerieknolle vierteln und schälen. Die Viertel in mundgerechte Stücke schneiden und waschen. In einem Topf ausreichend Wasser mit dem Saft einer halben Zitrone zum Kochen bringen und die Selleriewürfel darin in etwa 20 Minuten bei mittlerer Hitze nicht zu weich kochen. Das Wasser abgießen und den Sellerie abkühlen lassen.
Den Feldsalat waschen und auf Küchenkrepp abtrocknen lassen. Die Zwiebel schälen und in feine Würfel schneiden.

Zubereitung

Aus dem restlichen Zitronensaft, Öl, Salz und Pfeffer in einer großen Schüssel ein Dressing anrühren, mit den Selleriewürfeln vermischen und etwas ziehen lassen. Erst kurz vor dem Servieren den Feldsalat dazugeben (damit er nicht zusammenfällt) und vorsichtig vermischen.

Servieren

Den Feldsalat mit Sellerie in tiefe Teller füllen und mit Weißbrot servieren.

„Wat söns noch?"

Ob es nun stimmt, dass der Sellerie aphrodisisch wirkt oder gar die Potenz steigert, ist wissenschaftlich nicht bewiesen. Klar ist aber, dass die Gemüseknolle (die reich an Kalium, Calcium, Magnesium und Eisen ist) extrem gesund ist. Der hohe Gehalt an ätherischen Ölen ist für den typischen Geruch und den würzigen Geschmack verantwortlich. Sellerie hat unter anderem eine blutdrucksenkende Wirkung. – „Freu' dich, Fritzchen, morgen gibt es Selleriesalat." (altes Volkslied)

HÖHNERZUPP

Für 4 Personen
Zubereitungszeit: 45 Minuten
Kochzeit: 90 Minuten

Einkaufsliste
1 Suppenhuhn (etwa 1 1/2 kg)
1 Zwiebel
1 Bund Suppengemüse
100 g Suppennudeln
Salz
Pfeffer

Garnierung
1 El gehackte Petersilie

„Wat söns noch?"

Da die Suppe als Vorspeise gereicht wird, geben Sie nur etwas von dem Fleisch zurück in die Brühe. Den Rest verwenden Sie für das „Höhnerjemangs" (Seite 46).

Vorbereitung

Das Huhn gründlich waschen. Die Zwiebel schälen und halbieren. Das Suppengemüse schälen bzw. putzen, waschen und in kleine Stücke schneiden.
Die Suppennudeln wie gewohnt kochen, in einem feinen Sieb abtropfen lassen.

Zubereitung

In einem großen Topf etwa 1 1/2 l Wasser zum Kochen bringen. Das Suppenhuhn in das kochende Wasser geben und aufkochen lassen. Zwiebelhälften und Salz dazugeben und alles etwa 90 Minuten bei mittlerer Hitze köcheln lassen. 10 Minuten vor Ende der Garzeit das Gemüse dazugeben und gar kochen. Dann die Nudeln in die Suppe rühren und erwärmen. Mit Salz und Pfeffer abschmecken. Das Huhn aus dem Topf heben, in mundgerechte Stücke schneiden und zurück in die Suppe geben.

Servieren
Die Höhnerzupp in Suppenschüsseln füllen und mit Petersilie garniert servieren.

RINDFLEISCHZUPP

Für 4 Personen
Zubereitungszeit: 15 Minuten
Kochzeit: 60 Minuten

Einkaufsliste
1 kg Suppenfleisch
1 Lauchstange
1 Möhre
1/2 Sellerieknolle
1 Zwiebel
1 El Rinderbouillon (instant)
Salz
Pfeffer

Garnierung
1 El gehackte Petersilie

Vorbereitung
Das Fleisch waschen und trockentupfen.
Die Lauchstange von den äußeren Blättern befreien, in feine Ringe schneiden, waschen und abtropfen lassen. Möhre und Sellerie schälen, waschen und in kleine Würfel schneiden. Die Zwiebel schälen und vierteln.

„Wat söns noch?"

Den Rindfleischfond können Sie als Basis für Gemüsesuppen verarbeiten. Für den Hunger zwischendurch.

Zubereitung

Das Fleisch in einem Topf mit etwa 1½ l kaltem Wasser ansetzen und zum Kochen bringen. Rinderbouillon und Zwiebel dazugeben und bei mittlerer Hitze etwa 60 Minuten köcheln lassen.
10 Minuten vor Ende der Garzeit das Gemüse dazugeben und gar kochen. Das Fleisch aus der Brühe nehmen, in mundgerechte Stücke schneiden und zurück zur Suppe geben.
Abschließend die Suppe mit Salz und Pfeffer abschmecken.

Servieren

Die Suppe in Suppentassen füllen und mit der Petersilie bestreut heiß servieren.

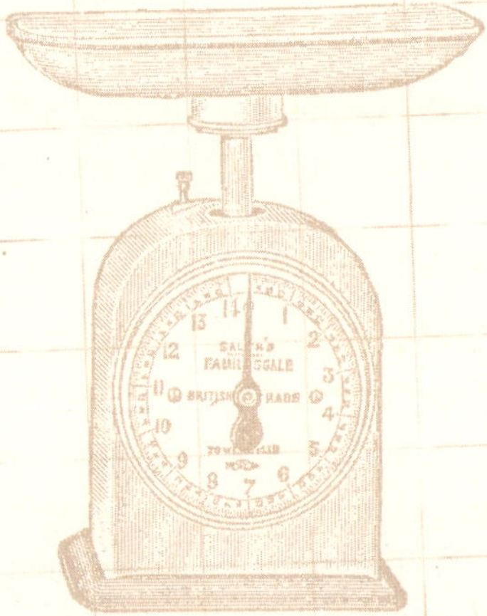

EIER SALAT

Für 4 Personen
Zubereitungszeit: 20 Minuten (ohne Wartezeit)
Kochzeit: 10 Minuten

Einkaufsliste
8 Eier
Salz
Pfeffer
1 Prise Zucker
200 g Mayonnaise
1 Msp. mittelscharfer Senf
1 El Sahne

Garnierung
1 El Schnittlauchröllchen

„Wat söns noch?"
Eiersalat passt auf jede Party zu einem kalten Buffet und ist außerdem kostengünstig. Frei nach Kölscher Lebensart – „Dat jitt et för 'ne Appel un e Ei".

Vorbereitung
Die Eier wie gewohnt hart kochen. Abschrecken und pellen. Die Eier in kleine Stücke schneiden, in eine Schüssel geben und mit Salz, Pfeffer und Zucker würzen.

Zubereitung
Mayonnaise mit Senf und Sahne verrühren, zu den Eiern geben und alles miteinander vermischen. Den Eiersalat abdecken und im Kühlschrank 2 Stunden ziehen lassen.
Eventuell noch einmal mit Salz und Pfeffer abschmecken.

Servieren
Den Eiersalat in eine Servierschüssel umfüllen und mit Schnittlauchröllchen garniert servieren. Dazu frische Weißbrotscheiben reichen.

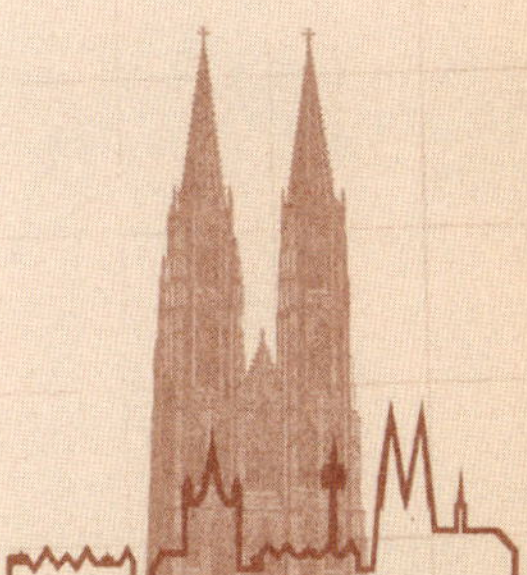

Altstadt Köln
Groß St. Martin

FÜR DEN HUNGER ZWISCHENDURCH

HALVE HAAN

Für 4 Personen
Zubereitungszeit: 10 Minuten

Einkaufsliste
4 Röggelchen
4 x 20 g Butter
4 Scheiben mittelalten Holländer (1 cm dick geschnitten)
Mostert (Senf)

„Wat söns noch?"

Wenn man als Imi (Nichtkölner) in den typischen Kölner Kneipen einen Halven Hahn bestellt und ein halbes Hähnchen erwartet, erlebt man eine Überraschung. Der Geschichte nach entstand der Name für dieses Gericht so: Ein Gast bestellte in einem Kölner Brauhaus ein Käsebrötchen und bekam daraufhin ein ganzes Röggelchen (doppeltes Roggenbrötchen). Da ihm dies aber zu viel war, sagte er: „Ich wollt ävver nor ne halve hahn."

Zubereitung

Die Röggelchen aufschneiden, mit der Butter bestreichen und mit jeweils 1 Scheibe Käse belegen.

Servieren

Die belegten Röggelchen auf Tellern anrichten und mit Senf servieren.

KÖLSCHE KAVIAR

Für 4 Personen

Zubereitungszeit: 10 Minuten

Einkaufsliste

1 Kranz frische Flönz (Blutwurst)
2 Zwiebeln
4 Röggelchen
Butter
Mostert (Senf)

Vorbereitung

Die Flönz von der Pelle befreien und schräg in nicht zu dünne Scheiben schneiden. Die Zwiebeln schälen und in feine Ringe schneiden. Die Röggelchen aufschneiden.

Zubereitung

Die Flönzscheiben auf einer flachen Platte anrichten und mit den Zwiebelringen belegen.

Servieren

Die Platte zu Tisch bringen und den Senf und die Röggelchen separat reichen. Jeder belegt sich das Röggelchen selbst mit Butter, Flönz und Senf nach Geschmack und Belieben. Dazu wird ein frisches Kölsch getrunken.

„Wat söns noch?"

Flönz (rheinisch für Blutwurst) war in Köln die preiswerteste Wurst. Diese Wurst hat den gleichen Anteil aus Blut und Speckwürfeln vom Schwein. Der Unterschied zur normalen Blutwurst besteht darin, das diese geräuchert, die Flönz aber gekocht wird.
Die Bezeichnung dieses typisch kölschen Gerichtes als „Kölsche Kaviar" entstammt dem Kölner Brauchtum, die „Oberen" wegen ihrer Wichtigtuerei auf die Schippe zu nehmen.

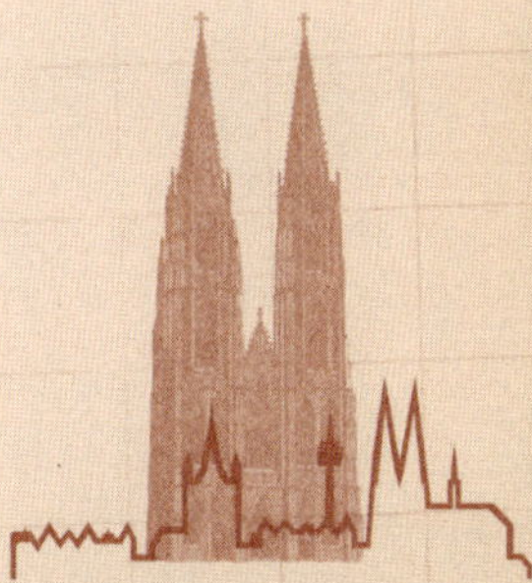

SOLEIER

Für 4 Personen
Zubereitungszeit: 20 Minuten (ohne Wartezeit)
Kochzeit: 10 Minuten

Einkaufsliste
12 Eier
3 El Salz
2 gehäufte El Senfkörner
1 Tl weiße Pfefferkörner
1 Lorbeerblatt
125 ml Weißweinessig
3 El Zucker

Zusätzlich etwas
Essig
Öl
Pfeffer
Salz
Senf

„Wat söns noch?"

Als gute „Grundlage" für einen geselligen Kölschabend gehören Soleier in vielen kölschen Kneipen zum Standardangebot.

Vorbereitung

Die Eier wie gewohnt in einem Topf mit reichlich Wasser hart kochen. Die Eier abschrecken und die Eierschale etwas aufschlagen, aber nicht abpellen.
In der Zwischenzeit 500 ml Wasser mit den Gewürzen zum Kochen bringen und etwa 10 Minuten bei mittlerer Hitze köcheln.
Die Marinade abkühlen lassen.

Zubereitung

Die abgekühlte Marinade in ein großes, verschließbares Glas füllen. Die Eier in der Schale in die Marinade legen und gekühlt mindestens 2 Tage ziehen lassen.

Servieren

Die Eier aus dem Glas nehmen, von der Eierschale befreien, halbieren und das Eigelb mit einem Teelöffel vorsichtig herausnehmen. In die so entstandene Aushöhlung etwas Essig, Öl, Pfeffer, Salz und Senf füllen. Das Eigelb umgekehrt wieder auf das Eiweiß setzen und mit einem Bissen verspeisen.

Pegel Köln
mit Altstadt,
Groß St. Martin und
Dom im Hintergrund

FISCHGERICHTE

Für 4 Personen
Zubereitungszeit: 40 Minuten (ohne Wartezeit)
Koch- & Bratzeit: 30 Minuten

BRATHERING

Einkaufsliste
3 Zwiebeln
125 ml Weißweinessig
1 Tl Salz
8 weiße Pfefferkörner
1 Lorbeerblatt
1 El Zucker
8 grüne Heringe (küchenfertig)
5–6 El Mehl
Öl zum Braten

Garnierung
Petersiliensträußchen

„Wat söns noch?"

Gekühlt und gut verschlossen halten sich die Bratheringe mehrere Tage.

Vorbereitung

Die Zwiebeln schälen und in Ringe schneiden. 350 ml Wasser mit Essig, 1/2 Tl Salz, Pfefferkörnern, Lorbeerblatt und Zucker in einem Topf zum Kochen bringen, kräftig durchkochen. Dann weitere 350 ml Wasser dazugießen und abkühlen lassen.
Den Fisch gründlich waschen und trockentupfen. Das restliche Salz mit dem Mehl vermischen und die Heringe darin wenden.

Zubereitung

Das Öl in einer großen Pfanne erhitzen und die Heringe darin von jeder Seite etwa 5 Minuten braten.
Die Fische aus der Pfanne in eine Form legen, mit der Marinade begießen und abgedeckt für 2 Tage an einem gekühlten Ort ziehen lassen.

Servieren

Die Bratheringe in der Form belassen, mit dem Petersiliensträußchen garniert zu Tisch bringen und mit frischen Bratkartoffeln servieren. Dazu passt ein frisches Kölsch.

Gebratene Forelle

Für 4 Personen

Zubereitungszeit: 15 Minuten
Bratzeit: 5 Minuten

Einkaufsliste

4 Forellen à 300 g (küchenfertig)
Salz
5 El Mehl
Öl zum Braten
50 g Butter

Garnierung

2 El gehackte Petersilie

„Wat söns noch?"

Mandelblättchen in einer Pfanne leicht anrösten und mit der Butter über den Fisch geben – das verleiht dem Gericht eine besondere Note.

Vorbereitung

Die Forellen waschen und gut trockentupfen. Die Fische innen und außen salzen und in dem Mehl wenden.

Zubereitung

Das Öl in einer großen Pfanne erhitzen und die Forellen darin von beiden Seiten insgesamt etwa 5 Minuten braten. In einem Topf die Butter schmelzen.

Servieren

Die Forellen auf einer Fischplatte anrichten, mit der heißen Butter begießen und mit der Petersilie bestreut servieren. Dazu frische Salz- oder Bratkartoffeln, einen grünen Salat und natürlich ein gut gekühltes Kölsch reichen.

GRÜNE HERINGE

„Wat söns noch?"

Hering lässt sich vielseitig zubereiten. Auch als Matjes, Rollmops oder Bismarckhering wird er gerne gegessen. Frischer Hering ist als grüner Hering erhältlich. Im Mittelalter war Hering als preiswertes und eiweißreiches Fischgericht besonders in der Fastenzeit sehr beliebt. In der kölschen Mundart bezeichnet man einen dünnen Mann als „dönne Hirring".

Für 4 Personen

Zubereitungszeit: 10 Minuten
Bratzeit: 5 Minuten

Einkaufsliste

8 grüne Heringe (küchenfertig)
Saft von 1/2 Zitrone
Salz
5 El Mehl
Öl zum Braten
60 g Butter

Garnierung

3 El gehackte Petersilie

Vorbereitung

Die Fische gründlich waschen und gut trockentupfen. Auf einem Teller auslegen, mit dem Zitronensaft begießen und 10 Minuten ziehen lassen. Die Heringe von innen und außen salzen und in dem Mehl wenden.

Zubereitung

Das Öl in einer Pfannc erhitzen und die Heringe darin insgesamt etwa 5 Minuten von beiden Seiten braten. In einem Topf die Butter schmelzen.

Servieren

Jeweils 2 Heringe auf einen Teller anrichten, mit der Butter begießen und mit der Petersilie bestreut servieren. Dazu Salzkartoffeln und ein Kölsch reichen.

HIRRINGSSTIPP MET QUALLMÄNNER

Für 4 Personen

Zubereitungszeit: 25 Minuten (ohne Wartezeit)
Kochzeit: 25 Minuten

Einkaufsliste

2 Zwiebeln
2 Äpfel
5 Gewürzgurken
10 Matjesfilets
250 ml Gurkensaft
300 g Schmand
Salz
Pfeffer

1 Lorbeerblatt
4 Wacholderbeeren
850 g Kartoffeln

Vorbereitung

Die Zwiebeln schälen und in feine Ringe schneiden. Die Äpfel waschen, schälen, entkernen und in kleine Würfel schneiden. Die Gewürzgurken ebenfalls in kleine Würfel und die Matjesfilets in mundgerechte Stücke schneiden.

Zubereitung

Alle Zutaten bis auf die Kartoffeln in eine Schüssel füllen und miteinander verrühren. Abgedeckt über Nacht im Kühlschrank ziehen lassen. Dann das Lorbeerblatt und die Wacholderbeeren entfernen.
Am folgenden Tag die Kartoffeln waschen und in der Schale zu Pellkartoffeln gar kochen. Abschrecken und pellen.

„Wat söns noch?"

Quallmänner bedeuten in der kölschen Mundart nichts anderes als Pellkartoffeln.

Servieren

Den Hirringsstipp in eine Servierschüssel umfüllen und mit den heißen Quallmännern servieren.

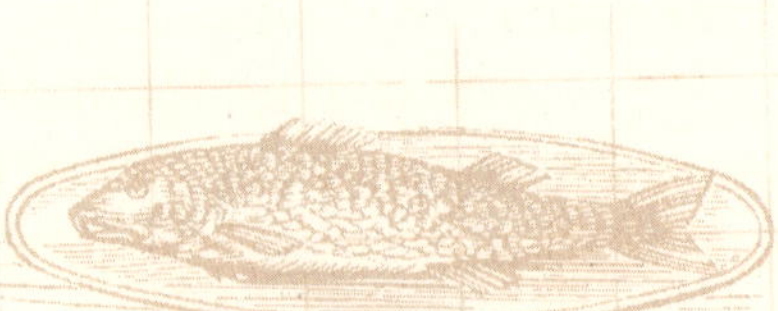

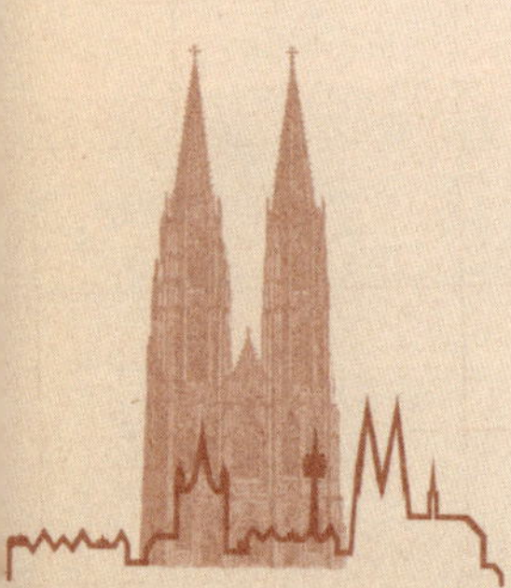

KARPFEN BLAU

Für 4 Personen

Zubereitungszeit: 20 Minuten
Kochzeit: 55 Minuten

Einkaufsliste

2 Zwiebeln
2 Bund Dill
50 g Salz
2 Lorbeerblätter
1 Tl Senfkörner
150 ml Weißwein
Saft von 1/2 Zitrone
1 Karpfen (etwa 2–2 1/2 kg)
250 ml Essig

Garnierung

60 g gebräunte Butter und Dillspitzen

Vorbereitung

Die Zwiebeln schälen und vierteln. Den Dill waschen, gut trockenschütteln und fein hacken, einige Spitzen für die Garnierung beiseitestellen. Die Zwiebelviertel mit Dill, Salz, Lorbeerblättern, Senfkörnern, Weißwein, Zitronensaft und 3 l Wasser aufkochen und etwa 30 Minuten zu einem Sud kochen.
Den Karpfen waschen, gut trockentupfen und von innen salzen. Den Essig mit etwa 500 ml Wasser aufkochen und den Karpfen mit der kochenden Flüssigkeit begießen (so wird er blau).

„Wat söns noch?"

Das „Blaumachen" gelingt nur bei frischem Fisch. Zu große Fische schmecken oft etwas muffig. Wenn Sie diesen Geschmack nicht mögen, sind Fische von etwa 1 kg besser geeignet. Verwenden Sie dann lieber anstelle eines großen Fisches zwei kleine.

Zubereitung

Den Sud in einen ausreichend großen Topf gießen und den Karpfen hineinlegen. Bei mäßiger Hitze etwa 25 Minuten garen lassen. Nicht kochen!

Servieren

Den Karpfen blau auf einer großen Fischplatte anrichten, die Butter darübergießen und mit den Dillspitzen garniert servieren. Dazu Salzkartoffeln reichen.

MIESMUSCHELN

Für 4 Personen

Zubereitungszeit: 25 Minuten
Kochzeit: 15–20 Minuten

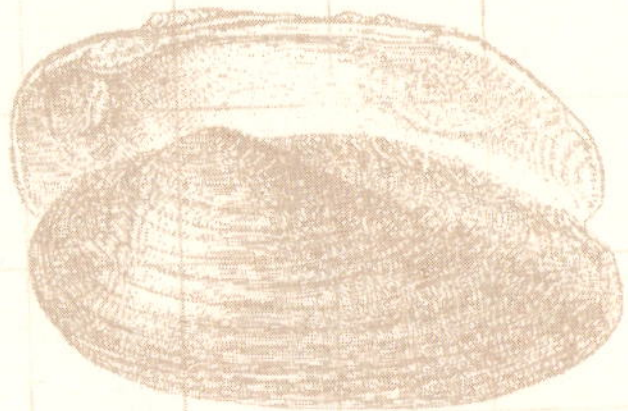

Einkaufsliste

4 kg Miesmuscheln
1/2 Sellerieknolle
2 Möhren
3 Zwiebeln
500 ml Weißwein
2 Pckg. Gewürzmischung (Muschelgewürz)

Zusätzlich

Schwarzbrot und Butter

Vorbereitung

Die Muscheln gründlich unter fließendem Wasser waschen und dabei, falls vorhanden, die Muschelbärte entfernen. Geöffnete Muscheln aussortieren. Sellerie, Möhren und Zwiebeln schälen und in kleine Stücke schneiden.

Zubereitung

In einem großen Topf den Weißwein mit dem Gemüse und der Gewürzmischung aufkochen lassen. Die Muscheln dazugeben und mit geschlossenem Deckel 10–15 Minuten kochen. Dabei den Topf hin und wieder schütteln, damit sich die Muscheln in der Flüssigkeit verteilen. Nach der Garzeit die geschlossenen Muscheln aussortieren, diese sind ungenießbar.

Servieren

Die Muscheln auf Suppentellern anrichten und mit dem Sud begießen. Dazu frisches Schwarzbrot und Butter reichen.

„Wat söns noch?"

Die Muscheln isst man mithilfe einer leeren Muschelschale, die wie eine Zange verwendet wird, um damit das Muschelfleisch aus den Muschelschalen zu ziehen. Und auch der Sud wird anstelle eines Löffels mit der Muschelschale „gelöffelt".

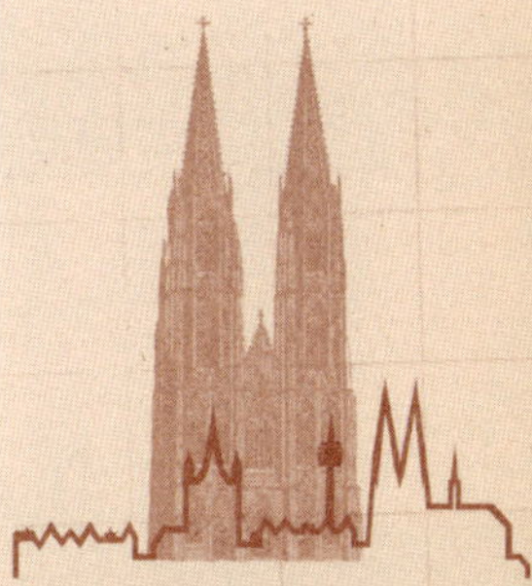

Wachturm
an der Ulrepforte –
Teil der mittelalterlichen
Stadtmauer von Köln

FLEISCHGERICHTE

BRODWOOSCH MET BIERZAUS

Für 4 Personen
Zubereitungszeit: 15 Minuten
Bratzeit: 10 Minuten

Einkaufsliste
4 Bratwürste
Öl zum Braten
4 Printen
1 Flasche Malzbier
Salz
Pfeffer
Zucker

„Wat söns noch?"

Kaufen Sie frische Bratwürste im „Kringel". Das sind eingerollte Bratwürste, die mit Holzspießchen fixiert werden und dekorativ aussehen.

Zubereitung

Die Bratwürste in einer großen Pfanne in heißem Öl fertig braten. Die Würste herausnehmen und unter Alufolie warm halten.
Die Printen in dem Bratenfett auflösen und mit dem Bier aufkochen lassen. Mit Salz, Pfeffer und Zucker abschmecken.

Servieren

Die Bratwürste auf 4 Tellern anrichten und mit der Biersoße begießen. Mit frischem Kartoffelpüree und einem gut gekühlten Kölsch servieren.

FALSCHER HASE

Für 4 Personen
Zubereitungszeit: 35 Minuten
Brat- & Kochzeit: 75 Minuten

Einkaufsliste
1 Brötchen (altbacken)
4 Zwiebeln
1 Bund Petersilie
800 g Hackfleisch (gemischt)
1 Ei
Salz
Pfeffer
Öl zum Braten
150 ml Fleischbrühe (instant)
1 Tl Mehl
125 g saure Sahne

Garnierung
1 El Schnittlauchröllchen

Vorbereitung
Das Brötchen in ausreichend Wasser einweichen und dann ausdrücken. Die Zwiebeln schälen und 2 Zwiebeln in kleine Würfel schneiden. Die beiden anderen Zwiebeln in grobe Stücke schneiden. Die Petersilie gründlich waschen, trockenschütteln und fein hacken.
Das Hackfleisch in einer Schüssel mit Brötchen, Zwiebelwürfeln, Petersilie, Ei, Salz und Pfeffer gut vermischen.
Den Fleischteig zu einem Laib formen.

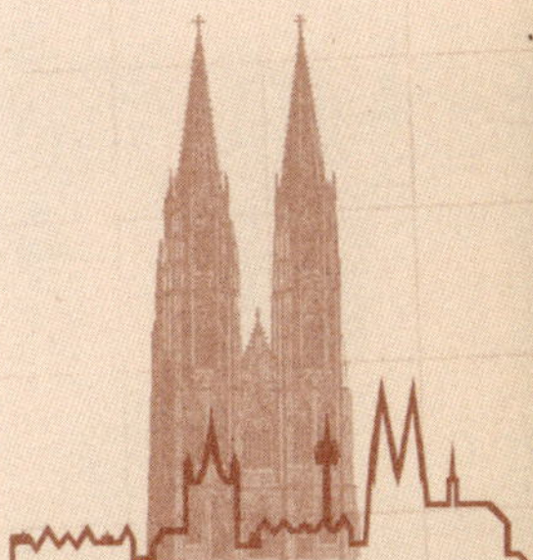

Zubereitung

In einem großen Topf das Öl erhitzen und den Fleischlaib darin auf beiden Seiten anbraten. Die Zwiebelstücke dazugeben und goldgelb anbraten. Mit der heißen Fleischbrühe ablöschen und bei mittlerer Hitze etwa 60 Minuten garen lassen. Das Fleisch aus dem Topf heben und auf eine Fleischplatte setzen. Für die Soße das Mehl mit etwas Wasser anrühren und in den Bratensud einrühren. Die Soße kurz aufkochen lassen und mit der sauren Sahne verfeinern. Mit Salz und Pfeffer abschmecken.

Servieren

Den falschen Hasen mit Schnittlauchröllchen garnieren und mit frischem Kartoffelpüree servieren. Die Soße separat reichen.

„Wat söns noch?"

Probieren Sie auch eine andere Variante: Legen Sie den Fleischlaib in eine Auflaufform und umlegen diesen mit rohen Kartoffelscheiben. Das Ganze mit Fleischbrühe angießen (die Kartoffeln sollten damit fast bedeckt sein) und bei 180 °C im Backofen etwa 60–70 Minuten backen lassen.

FALSCHES KOTELETT

Für 4 Personen
Zubereitungszeit: 20 Minuten
Bratzeit: 6 Minuten

Einkaufsliste
8 Scheiben frischer Bauchspeck (à 150 g)
2 El Mehl
1 Ei
250 g Semmelbrösel
1 El Butterschmalz
Salz
Pfeffer

Vorbereitung

Den Speck abwaschen, trockentupfen und in Mehl wälzen. Das Ei aufschlagen. Überflüssiges Mehl von den Speckscheiben abschütteln, diese zuerst im Ei und dann in den Semmelbröseln wenden.

Zubereitung

Das Butterschmalz in einer Pfanne erhitzen und die Speckscheiben darin von beiden Seiten in etwa 6 Minuten goldbraun braten. Mit Salz und Pfeffer würzen.

Servieren

Die falschen Koteletts auf einer Fleischplatte anrichten und mit Bratkartoffeln und einem gut gekühlten Kölsch servieren.

„Wat söns noch?"

Falsches Kotelett galt früher als Armeleuteessen und bietet auch heute noch eine preiswerte Alternative zu „echtem" Kotelett.

GANS MIT FÜLLUNG

Für 4 Personen
Zubereitungszeit: 20 Minuten
Bratzeit: 2 1/2 Stunden

Einkaufsliste
1 Gans (etwa 4 kg)
Salz
Pfeffer
1 El Majoran (getrocknet)
6 Äpfel (Boskop)
800 g Maronen
(Esskastanien als Fertigprodukt erhältlich, erspart das Pellen)
1 El Kartoffelmehl

Vorbereitung

Die Gans waschen, trockentupfen und von innen und außen mit den Gewürzen einreiben. Die Äpfel schälen, vom Kerngehäuse befreien und vierteln.
Die Gans mit den Apfelstücken (ca. 5 Apfelviertel beiseitestellen) und der Hälfte der Maronen füllen und mit der Brustseite auf eine Fettpfanne setzen. Den Backofen auf 190 °C vorheizen.

Zubereitung

200 ml kochendes Wasser zugießen und die Gans im Backofen 1 Stunde braten lassen. Zwischenzeitlich immer etwas Fett abschöpfen und die Gans mit der Bratenflüssigkeit übergießen. Eventuell Wasser nachgießen.

Dann die Gans wenden und weitere 1½ Stunden garen lassen. Auch jetzt wieder begießen und eventuell überschüssiges Fett abschöpfen. 20 Minuten vor Ende der Garzeit die übrigen Apfelstücke und Maronen dazugeben. Die Gans aus der Pfanne heben und warm halten. Die Soße nochmals entfetten, die Apfelstücke und Maronen herausnehmen und beiseitestellen. Den Sud in einen Topf umfüllen. Das Kartoffelmehl mit etwas Wasser verrühren, die Soße damit binden und mit Salz und Pfeffer abschmecken. Die Äpfel und Maronen zurück in die Soße geben.

Servieren

Die Gans auf einer Platte anrichten und die Soße separat dazureichen. Servieren Sie Kartoffelklöße und Rotkohl dazu.

„Wat söns noch?"

Die Füllung kann selbstverständlich variieren. Auch Feigen und/oder Datteln passen sehr gut zu Gans.

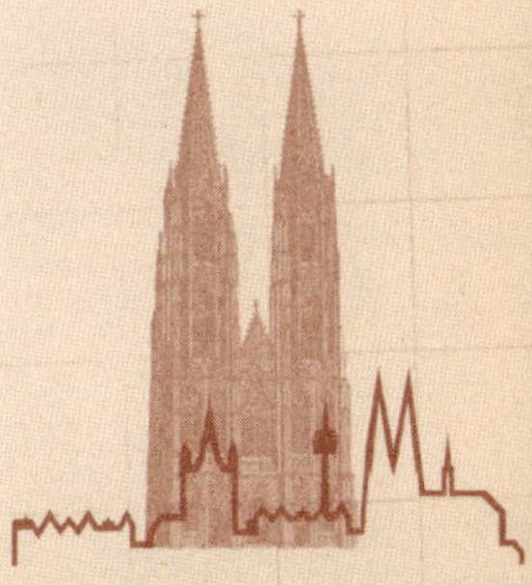

Hämmchen

Für 4 Personen
Zubereitungszeit: 10 Minuten
Kochzeit: 75 Minuten

Einkaufsliste
4 Hämmchen
2 Zwiebeln
1 Lorbeerblatt
1 Tl Pfefferkörner

Garnierung
Scharfer Senf

„Wat söns noch?"

Hämmchen (Schweinshaxen) werden mit Sauerkraut – „soore Kappes" – und Kartoffelpüree serviert und setzen einen guten Appetit voraus. Ansonsten sind diese großen Portionen nicht zu schaffen. Für den „normalen" Hunger berechnen Sie pro Person eine halbe Haxe.

Vorbereitung

Die Hämmchen gründlich waschen. Die Zwiebeln schälen.

Zubereitung

In einem großen Topf ausreichend Wasser zum Kochen bringen. Das Fleisch mit den Zwiebeln und den Gewürzen in das kochende Wasser geben und bei mittlerer Hitze etwa 75 Minuten köcheln lassen.

Servieren

Die Hämmchen aus dem Sud heben, auf eine Fleischplatte setzen und mit scharfem Senf servieren.

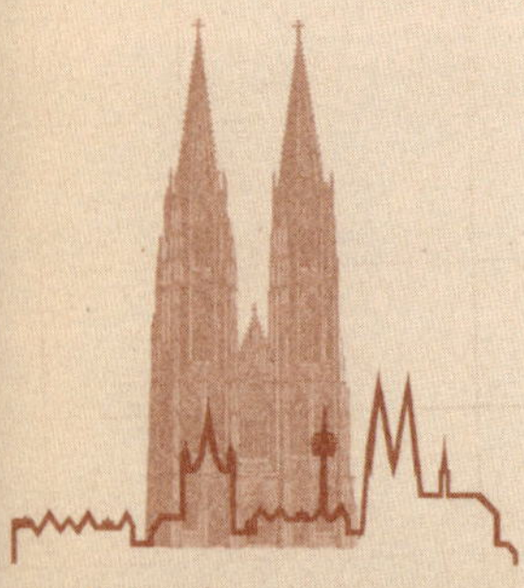

HÖÄNERJEMANGS

Für 4 Personen

Zubereitungszeit: 45 Minuten
Kochzeit: 90 Minuten

Einkaufsliste

1 Suppenhuhn (etwa $1^1/_2$ kg)
1 Zwiebel
1 Bund Suppengemüse
Salz
Pfeffer
3 El Butter
2 El Mehl
Saft von $^1/_2$ Zitrone
2 Eigelb
5 El Sahne

Garnierung

1 El gehackte Petersilie

„Wat söns noch?"

Sie können nach Belieben auch noch Champignons und/oder Spargel zum Hühnerfrikassee geben.

Vorbereitung

Nach dem Rezept auf Seite 16 eine Hühnersuppe kochen.
Nach der Garzeit das Huhn aus der Suppe nehmen und etwas abkühlen lassen.
Das Hühnerfleisch ohne die Haut in mundgerechte Stücke schneiden.

Zubereitung

In einem Topf die Butter auslassen, das Mehl dazugeben und kurz andünsten. Mit der Fleischbrühe nach und nach ablöschen und kurz aufkochen lassen. Die Soße sollte sämig, aber nicht dickflüssig sein. Mit Zitronensaft, Salz und Pfeffer würzen. Den Topf von der Herdplatte ziehen und die Eigelbe mit der Sahne verquirlt in die Soße rühren. Die Fleischstücke in die Soße geben und unterrühren.

Servieren

Das Höhnerjemangs in eine tiefe Schüssel füllen, mit Petersilie garnieren und mit Reis servieren.

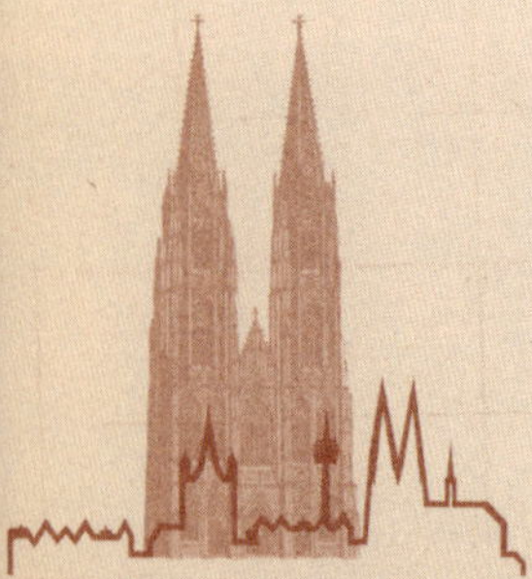

KASSELER MIT SALZKARTOFFELN & ROSENKOHL

Für 4 Personen
Zubereitungszeit: 45 Minuten
Brat- & Kochzeit: 80 Minuten

Einkaufsliste
1 Kasselerrücken (etwa 1 kg)
2 Zwiebeln
750 g fest kochende Kartoffeln
800 g Rosenkohl
1 El Butterschmalz
350 ml Rotwein
8 schwarze Pfefferkörner
1 Lorbeerblatt
Salz
Pfeffer
1/2 Tl Zucker
1 Tl Speisestärke
50 g zerlassene Butter

Garnierung
1 El Petersilie

Vorbereitung
Das Fleisch waschen und trockentupfen. Die Zwiebeln schälen und vierteln. Die Kartoffeln schälen, waschen und je nach Größe halbieren oder vierteln. Den Rosenkohl putzen und den Strunk einschneiden.

„Wat söns noch?"

Kasseler kann sehr salzig sein – deshalb Vorsicht beim Würzen.

Zubereitung

Das Butterschmalz in einem großen Bräter erhitzen und das Fleisch darin von allen Seiten kräftig anbraten. Die Hitze reduzieren, die Zwiebeln dazugeben und kurz anrösten.
Mit dem Rotwein ablöschen, die Gewürze dazugeben und bei mittlerer Hitze etwa 80 Minuten garen lassen.
Etwa 20 Minuten vor Ende der Garzeit wie gewohnt die Kartoffeln in Salzwasser gar kochen. Den Rosenkohl ebenfalls in etwas Salzwasser und Zucker bei mäßiger Hitze nicht zu weich kochen.

Den Braten aus dem Bräter nehmen und warm stellen. Pfefferkörner und Lorbeerblatt aus dem Bratensaft entfernen. Den Sud aufkochen und mit der in etwas Wasser verrührten Speisestärke binden. Die Soße mit Salz und Pfeffer würzen. Das Fleisch in Scheiben schneiden. Die Salzkartoffeln abgießen und in eine Schüssel füllen. Den Rosenkohl abgießen und ebenfalls in eine Schüssel füllen. Mit der zerlassenen Butter begießen.

Servieren

Das Fleisch auf einer Fleischplatte anrichten, mit etwas Soße begießen und mit der Petersilie garnieren. Die restliche Soße in einer Sauciere reichen. Die Salzkartoffeln und den Rosenkohl heiß zu Tisch bringen.

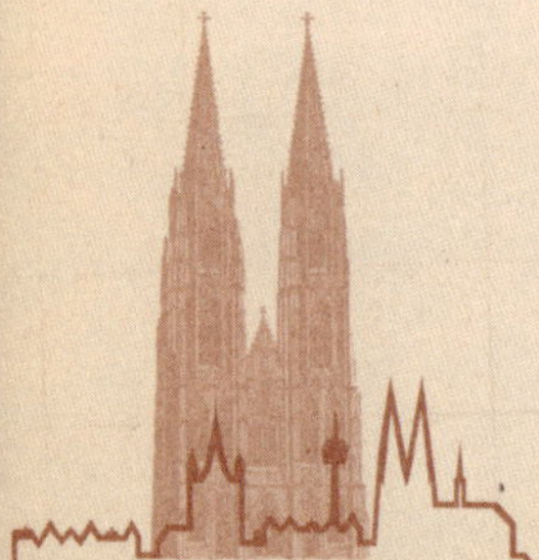

Kning

Für 4 Personen
Zubereitungszeit: 30 Minuten
Brat- & Kochzeit: 90 Minuten

Einkaufsliste

1 Kning (ein küchenfertiges Kaninchen von etwa 1 kg)
Salz
Pfeffer
1 Zwiebel
1 El Butterschmalz
250 ml Weißwein
6 Wacholderbeeren
1 Lorbeerblatt
1 El Speisestärke
2 El saure Sahne

Vorbereitung

Das Kning waschen, trockentupfen und ggf. von Haut- und Sehnenresten befreien. Das Kaninchen zerteilen und die Stücke mit Salz und Pfeffer einreiben.
Die Zwiebel schälen und in kleine Stücke schneiden.

Zubereitung

In einem großen Topf das Butterschmalz erhitzen und die Kaninchenteile darin kräftig von allen Seiten anbraten.
Die Hitze etwas reduzieren, die Zwiebelstücke dazugeben und kurz anrösten. Mit dem Weißwein ablöschen und die Gewürze dazugeben. Bei mittlerer Hitze etwa 80 Minuten garen lassen.
Das Fleisch aus dem Topf nehmen und warm stellen.

„Wat söns noch?"

Sie können das Kaninchenfleisch auch mit Speck spicken oder umwickeln. Das Fleisch wird dadurch etwas würziger im Geschmack und trocknet nicht aus.

Den Bratensud von Wacholderbeeren und Lorbeerblatt befreien, die Speisestärke mit etwas Wasser verrühren und die Soße damit binden. Die saure Sahne einrühren und die Soße mit Salz und Pfeffer abschmecken.

Servieren

Die Kaninchenteile auf einer Fleischplatte anrichten und mit etwas Soße begießen. Die restliche Soße in einer Sauciere servieren. Dazu Kartoffelklöße, Rosenkohl oder Rotkohl reichen.

KÖLSCHE PANN

Für 4 Personen

Zubereitungszeit: 20 Minuten
Kochzeit: 60–80 Minuten

Einkaufsliste

600 g Schweinebauch
1 kg Kartoffeln
600 g feste Birnen
1 El Öl
Salz
Pfeffer
Kümmel
500 ml Fleischbrühe (instant)
30 g Butter

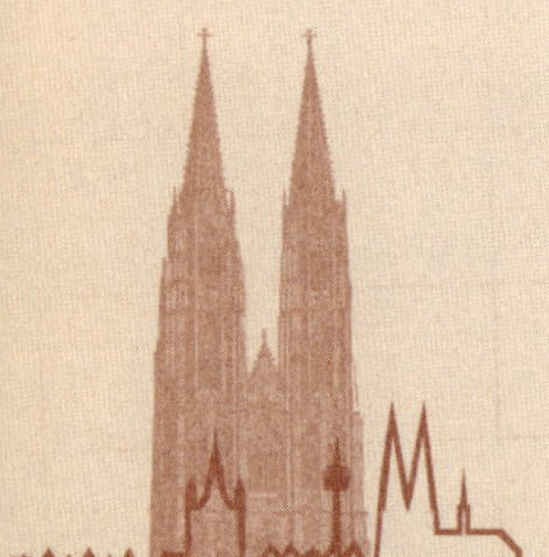

Vorbereitung

Den Schweinebauch in Streifen schneiden. Die Kartoffeln schälen, waschen und in Scheiben schneiden. Die Birnen schälen, vom Kerngehäuse befreien und in nicht zu kleine Stücke schneiden. Eine Auflaufform mit Öl einfetten. Den Backofen auf 180 °C vorheizen.

Zubereitung

Schweinebauch, Kartoffeln und Birnen in eine Auflaufform schichten. Mit etwas Salz, Pfeffer und Kümmel würzen. Mit der Fleischbrühe auffüllen und im Backofen etwa 60–80 Minuten backen. Nach der Hälfte der Backzeit Butterflöckchen aufsetzen.

Servieren

Die Kölsche Pann in der Form zu Tisch bringen und mit einem gut gekühlten Kölsch servieren.

„Wat söns noch?"

Angeblich haben die Franzosen dieses Gericht während der Besatzungszeit im 19. Jahrhundert nach Köln gebracht.

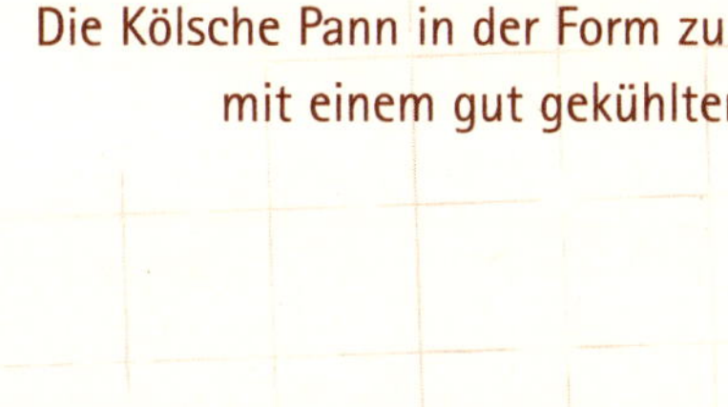

KÖLSCH KOTELETT MET BRODÄPPEL

Für 4 Personen
Zubereitungszeit: 20 Minuten
(ohne Wartezeit)
Bratzeit: 10 Minuten

Einkaufsliste
800 g fest kochende Kartoffeln
4 dicke Lummerkoteletts (à 250 g)
2 Zwiebeln
1 El Butterschmalz
Salz
Pfeffer

Garnierung
4 Gewürzgurken (fächerförmig eingeschnitten)

„Wat söns noch?"

Durch die Dicke der Koteletts bleiben diese schön saftig.

Vorbereitung

Die Kartoffeln waschen und in der Schale wie gewohnt zu Pellkartoffeln kochen. Abschrecken, pellen und abgedeckt über Nacht im Kühlschrank stehen lassen. Die Koteletts waschen, trockentupfen und den Fettrand (falls vorhanden) etwas einschneiden. Die Zwiebeln schälen und in feine Ringe schneiden. Die Kartoffeln in mundgerechte Stücke schneiden.

Zubereitung

Das Butterschmalz in zwei Pfannen verteilen und erhitzen. In der ersten Pfanne die Kartoffelstücke und die Zwiebelringe goldgelb braten. Mit Salz und Pfeffer würzen. In die zweite Pfanne die Koteletts geben und

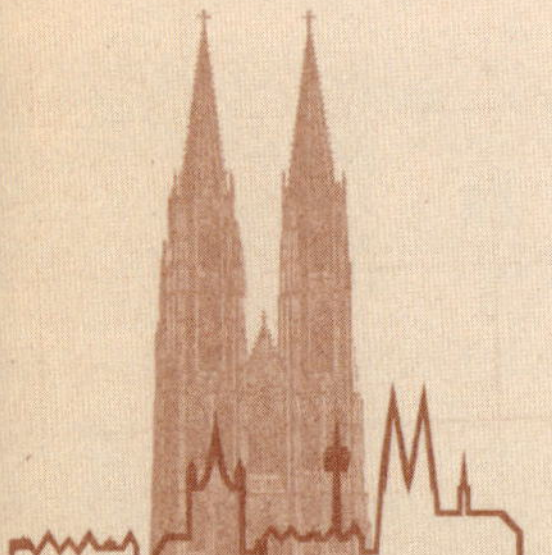

von beiden Seiten kräftig anbraten.
Die Hitze reduzieren und die Koteletts etwa 5 Minuten garen lassen. Mit Salz und Pfeffer würzen.

Servieren
Die Koteletts auf flachen Tellern anrichten, die Bratkartoffeln dazugeben und mit den Gewürzgurken garniert servieren.

Rinderrouladen mit Salzkartoffeln & Gurkensalat

Für 4 Personen
Zubereitungszeit: 45 Minuten
Bratzeit: 45–50 Minuten

Einkaufsliste
4 Rinderrouladen (bei großem Hunger rechnet man 2 Rouladen pro Person)
Salz
Pfeffer
4 große Zwiebeln
6 Gewürzgurken
200 g magerer geräucherter Speck
750 g Kartoffeln
1 El Butterschmalz

Für die Soße
1 Zwiebel (geschält und in kleine Stücke geschnitten)
1 El Speisestärke
1 El Crème fraîche

Für den Gurkensalat
1–2 Salatgurken (je nach Größe)
Salz
1 Zwiebel (geschält und in feine Würfel geschnitten)
250 g saure Sahne
Saft von 1 Zitrone
1 El Salatöl
1 Tl Zucker
Pfeffer
1 El frische Dillspitzen

Vorbereitung

Das Fleisch waschen und gut trockentupfen. Die Rouladen ausbreiten und mit Salz und Pfeffer bestreuen. Die Zwiebeln schälen und in Ringe schneiden. Die Gewürzgurken in Scheiben schneiden. Die Schwarte vom Speck abschneiden und beiseitelegen. Den Speck in Scheiben schneiden. Zwiebelringe, Gurkenscheiben und Speck auf die Fleischrouladen verteilen, diese einrollen und mit Küchengarn umwickeln.

Die Kartoffeln schälen, waschen und je nach Größe halbieren oder vierteln.

Die Gurke schälen und über das Gurkenbrett in dünne Scheiben in eine Schüssel schneiden. Die Gurkenscheiben mit Salz bestreuen und etwas stehen lassen.
In einer weiteren Schüssel Zwiebelwürfel mit saurer Sahne, Zitronensaft und Öl vermischen. Mit Zucker, Salz, Pfeffer und Dill

würzen. Die Salatgurkenscheiben mit den Händen ausdrücken (den Gurkensaft entfernen, sonst wird der Salat zu „wässrig"), in die Salatsoße geben und im Kühlschrank ziehen lassen.

Zubereitung

In einem großen Brattopf das Butterschmalz erhitzen und die Rouladen darin rundherum anbraten. Für die Soße die Zwiebel und die Speckschwarte (gibt der Soße einen guten Geschmack) dazugeben und kurz anrösten. Mit etwa 250 ml kochendem Wasser ablöschen und bei mittlerer Hitze mit geschlossenem Deckel etwa 45–50 Minuten köcheln lassen. Eventuell etwas Wasser nachgießen.

Die Speckschwarte (wird nicht mehr benötigt) und die Rouladen aus dem Topf heben und das Küchengarn entfernen.

Die Soße aufkochen und mit der in etwas Wasser aufgelösten Speisestärke binden. Die Crème fraîche einrühren und mit Salz und Pfeffer würzen.

Zwischenzeitlich die Salzkartoffeln gar kochen und in eine Servierschüssel geben. Den Gurkensalat auf Salatschalen verteilen.

Servieren

Die Rinderrouladen auf flachen Tellern anrichten und mit etwas Soße begießen. Die restliche Soße separat reichen. Dazu Salzkartoffeln und Gurkensalat servieren.

„Wat söns noch?"

Achten Sie darauf, dass das Fleisch bei Ihrem Einkauf gut abgehangen ist.

SOORBRODE MIT KARTOFFELKNÖDELN & APFELKOMPOTT

Für 4 Personen
Zubereitungszeit: 50 Minuten (ohne Wartezeit)
Brat- & Kochzeit: 90 Minuten

Einkaufsliste
1 kg Rindfleisch (aus der Oberschale)

Für die Marinade
2 Zwiebeln
250 ml Rotweinessig
5 Nelken
1 Lorbeerblatt
12 Wacholderbeeren
8 schwarze Pfefferkörner

Für die Soße
1 El Butterschmalz
1 Zwiebel (geschält und geviertelt)
Salz, Pfeffer
150 g Rosinen
2 El Rübenkraut
1 El Speisestärke

Für die Knödel
1 kg Kartoffeln
2 Eier
Salz, Pfeffer
4–5 El Mehl

Für das Apfelkompott
1 kg säuerliche Äpfel
1 El Zucker

Vorbereitung
Das Fleisch waschen und trockentupfen.
Für die Marinade die Zwiebeln schälen und in Ringe schneiden. Die restlichen Zutaten für die Marinade (außer den Zwiebeln) mit 500 ml Wasser in einem Topf kurz aufkochen.
Die Marinade abkühlen lassen. Das Fleisch in eine Schüssel legen und mit der Marinade begießen. Die Zwiebelringe darauf verteilen und abgedeckt im Kühlschrank 5–6 Tage einlegen. Das Fleisch ab und zu wenden.
Am Vortag die Kartoffelknödel vorbereiten und das Apfelkompott kochen. Dafür die Kartoffeln waschen und in der Schale gar kochen. Mit kaltem Wasser abschrecken und pellen. Durch die Kartoffelpresse drücken und über Nacht im Kühlschrank ruhen lassen.
Für das Apfelkompott die Äpfel waschen, schälen, vierteln und vom Kerngehäuse befreien. In einem Topf wenig Wasser aufkochen und die Apfelstücke darin zugedeckt bei mittlerer Hitze etwa 30 Minuten (ggf. kürzer oder länger, je nach gewünschter Konsistenz) dämpfen lassen. Den Zucker dazugeben und in einer Schüssel abkühlen lassen. Wer mag, kann das Kompott auch mit Honig oder Vanillezucker süßen und mit Zimt würzen.

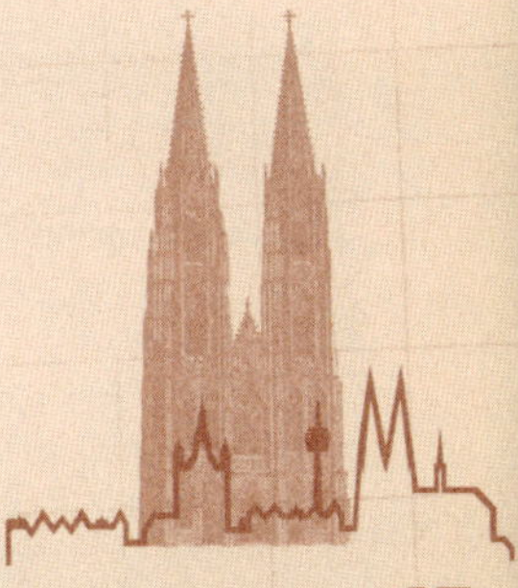

Zubereitung

Das Fleisch aus der Schüssel nehmen und abtrocknen.
Die Marinade durch ein Sieb gießen, die Flüssigkeit auffangen, die Gewürze werden nicht mehr benötigt. In einem großen Brattopf das Butterschmalz erhitzen und das Fleisch von allen Seiten darin kräftig anbraten. Die Hitze reduzieren, die Zwiebel dazugeben und kurz anrösten. Mit einer Tasse der Marinade ablöschen, mit Salz und Pfeffer würzen und bei mittlerer Hitze etwa 1 Stunde schmoren lassen. Dann die Rosinen dazugeben, hin und wieder Marinade dazugießen und weitere 30 Minuten köcheln lassen.
Das Fleisch aus dem Topf nehmen und warm halten. Das Rübenkraut in den Bratensaft rühren und kurz aufkochen lassen. Die Speisestärke mit etwas Wasser verquirlen und die Soße damit binden. Mit Salz und Pfeffer abschmecken.
Zwischenzeitlich die Kartoffelmasse mit den Eiern, Salz und Pfeffer vermischen. Das Mehl nach und nach einrühren, bis der Teig nicht mehr klebt. Den Kartoffelteig mit feuchten Händen zu Knödeln formen. In einem großen Topf Salzwasser zum Kochen bringen und die Knödel darin bei mäßiger Hitze etwa 5–10 Minuten garen lassen, bis sie an der Oberfläche schwimmen. Mit einem Schaumlöffel herausnehmen, abtropfen lassen und in eine Schüssel füllen.

„Wat söns noch?"

Eine echte kölsche Spezialität ist der Sauerbraten, wenn man ihn mit Pferdefleisch zubereitet.

Servieren

Das Fleisch in Scheiben schneiden und auf einer Fleischplatte anrichten. Mit etwas Soße begießen, die restliche Soße in einer Sauciere zu Tisch bringen. Das Apfelkompott in Dessertschalen füllen und mit den heißen Kartoffelklößen servieren.

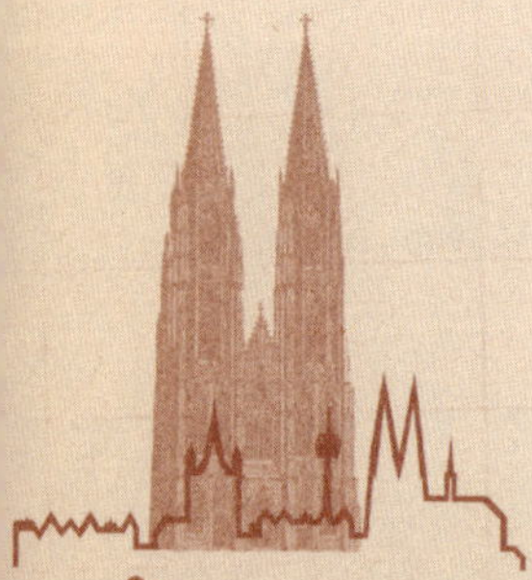

SÜSSAURE NIERCHEN MIT KARTOFFEL-PÜREE & KOPFSALAT

Für 4 Personen
Zubereitungszeit: 35 Minuten
Kochzeit: 30 Minuten

Einkaufsliste
800 g Schweinenieren
5 El Weinessig
2 Zwiebeln
1 El Butterschmalz
1 El Mehl
250 g Fleischbrühe (instant)
Salz, Pfeffer
1/2 Tl Zucker

Für das Kartoffelpüree
750 g Kartoffeln
Salz
500 ml Milch
50 g Butter
Muskatnuss

Für den Kopfsalat
2 Kopfsalate
1 Zwiebel (geschält und in kleine Würfel geschnitten)
Saft von 1 Zitrone
1/2 Tl Zucker
2 El Salatöl
Salz, Pfeffer

Garnierung
1 El gehackte Petersilie

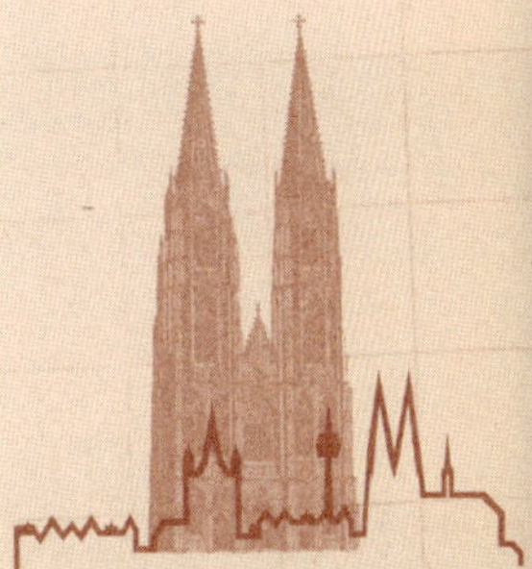

Vorbereitung

Die Nierchen der Länge nach aufschneiden und von allen Röhren befreien, gründlich unter fließendem Wasser waschen, trockentupfen und in mundgerechte Stücke schneiden.
In einem Topf 3 El Essig mit etwa 250 ml Wasser zum Kochen bringen und die Nieren darin etwa 2 Minuten köcheln lassen.
Die Nierenstücke durch ein Sieb abgießen, die Flüssigkeit wird nicht mehr benötigt. Die Zwiebeln schälen und vierteln.
Die Kartoffeln für das Kartoffelpüree schälen, waschen und vierteln.
Den Kopfsalat gründlich waschen und gut trockenschütteln.

Zubereitung

Die Kartoffeln in ausreichend Salzwasser gar kochen.
Zwischenzeitlich in einem Brattopf das Butterschmalz erhitzen und die Nierchen darin kräftig anbraten. Die Hitze reduzieren und die Zwiebelviertel dazugeben, kurz anrösten, mit Mehl bestäuben und mit der Fleischbrühe ablöschen. Den restlichen Essig dazugeben und mit Salz, Pfeffer und Zucker würzen.
Noch einmal kurz aufkochen und dann bei mittlerer Hitze etwa 10 Minuten köcheln lassen.
Zwischenzeitlich die Milch aufkochen und die Kartoffeln mit dem Kartoffelstampfer zerstampfen. Die heiße Milch nach und nach kräftig unterrühren. Die Butter dazugeben und mit Salz und Muskatnuss würzen.
Alle Zutaten für den Salat in eine Schüssel füllen und verrühren.
Die Salatblätter ggf. etwas kleiner schneiden und erst kurz vor dem Servieren mit dem Salatdressing verrühren.

„Wat söns noch?"

Wenn Ihnen der Geschmack von Nieren zu streng ist, können Sie diesen abmildern, indem die Nieren mehrmals in kochendem Wasser gekocht werden (das heißt aufkochen lassen, Wasser abgießen und mit frischem Wasser neu aufsetzen).

Servieren

Die süßsauren Nierchen in eine Fleischschüssel füllen, das Kartoffelpüree auf einem flachen Teller anrichten, mit der Petersilie garnieren. Den Kopfsalat in kleine Salatschüsseln portioniert zu Tisch bringen.

SCHWEINEBRATEN

Für 4 Personen

Zubereitungszeit: 20 Minuten
Bratzeit: 80 Minuten

Einkaufsliste

1 kg Schweineschulter mit Schwarte
Salz
Pfeffer
2 Zwiebeln
1 Bund Suppengrün
1 Knoblauchzehe
1 Tl Speisestärke

„Wat söns noch?"

Krustenbraten ist auch gepökelt erhältlich. Das Fleisch ist saftiger und hat einen würzigen Geschmack.

Vorbereitung

Das Fleisch waschen und trockentupfen. Mit einem scharfen Messer die Schwarte rautenförmig einschneiden. Den Braten mit Salz und Pfeffer einreiben. Zwiebeln schälen und vierteln. Gemüse putzen, waschen und in grobe Stücke schneiden. Knoblauchzehe pellen.

Den Backofen auf 225 °C vorheizen.

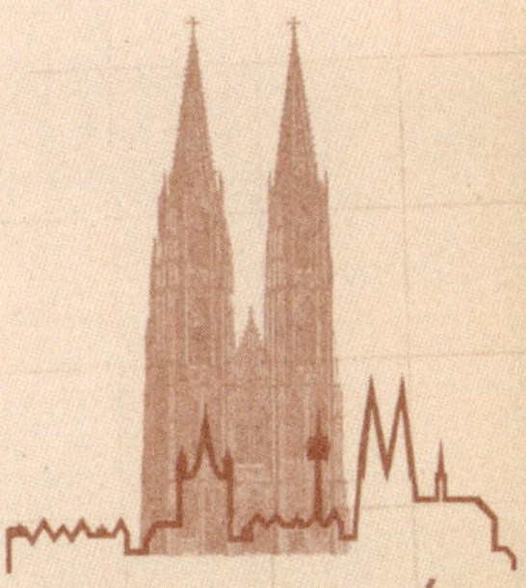

Zubereitung

Den Braten mit der Schwarte nach unten in die Bratenpfanne des Backofens legen. Zwiebeln und Gemüse dazugeben und mit etwa 350 ml heißem Wasser angießen. Den Braten nach etwa 45 Minuten drehen und weitere 35 Minuten garen lassen.
Das Fleisch hin und wieder mit dem Bratenfond begießen, ggf. mit Wasser nachfüllen.
Damit die Kruste knusprig wird, diese 10 Minuten vor Ende der Garzeit mit Salzwasser (oder Honig) bestreichen und die Temperatur auf 250 °C erhöhen.
Den Braten herausnehmen, den Bratensaft durch ein Sieb (oder die „flotte Lotte") passieren. In einem Topf aufkochen lassen und mit der in Wasser aufgelösten Speisestärke binden.

Servieren

Den Braten in nicht zu dicke Scheiben schneiden, auf einer Fleischplatte anrichten und mit etwas Soße begießen.
Die restliche Soße separat reichen. Dazu Salzkartoffeln und Gemüse der Saison servieren.

TAFELSPITZ MIT MEERRETTICHSOSSE

Für 4 Personen

Zubereitungszeit: 20 Minuten
Kochzeit: 3 Stunden

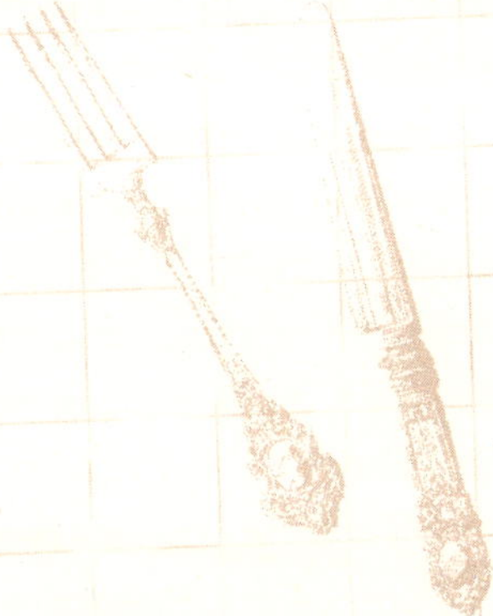

Einkaufsliste

600 g Knochen
Salz
1 kg Rindfleisch (Tafelspitz)
1 Bund Suppengrün
1 Zwiebel
6 weiße Pfefferkörner

Für die Meerrettichsoße

1 Meerrettichstange
Saft von 1/2 Zitrone
30 g Butter
1 kleine Zwiebel (geschält und in feine Würfel geschnitten)
40 g Mehl
250 ml Fleischbrühe (instant)
3 El Sahne
Salz
1 Prise Zucker

Garnierung

1 El gehackte Petersilie

„Wat söns noch?"

Je nach Schärfe des Meerrettichs (die Wurzel kann beißend scharf sein) kann die Kochzeit verlängert werden – dann mit etwas mehr Sahne oder Crème fraîche abschmecken.

Vorbereitung

Die Knochen waschen und in 2 l Salzwasser zum Kochen bringen. Das Fleisch waschen und trockentupfen. Das Gemüse putzen, schälen, waschen und in Stücke schneiden. Die Zwiebel schälen und vierteln.

Zubereitung

Die Knochen etwa 30 Minuten kräftig kochen lassen.
Dann das Fleisch mit dem Gemüse und den Pfefferkörnern dazugeben, aufkochen, die Temperatur reduzieren und alles etwa 2½ Stunden bei kleiner Hitze sieden lassen.
Zwischenzeitlich den Meerrettich putzen, waschen, fein reiben (dabei die Stange gerade halten, damit der Meerrettich nicht faserig wird) und mit Zitronensaft beträufeln (so wird der Meerrettich nicht braun).
In einem Topf die Butter schmelzen, die Zwiebelwürfel darin goldgelb anrösten, das Mehl darüberstäuben (helle Einbrenne herstellen), den geriebenen Meerrettich einrühren und durchdünsten. Die Fleischbrühe nach und nach einrühren und gut 15 Minuten bei mittlerer Hitze köcheln lassen.
Mit der Sahne verfeinern und mit Salz und Zucker würzen.

Servieren

Das Fleisch aus der Brühe nehmen (das Gemüse wird nicht weiter benötigt), abtropfen lassen, in Scheiben schneiden und auf einer Fleischplatte anrichten. Mit etwas Meerrettichsoße begießen und mit der Petersilie garnieren. Die restliche Soße separat zu Tisch bringen. Dazu Salzkartoffeln und einen grünen oder Rote-Bete-Salat reichen.

Blick über die
Hohenzollernbrücke
auf den Kölner Dom

KARTOFFEL- & GEMÜSEGERICHTE

ÄÄDÄPPEL-SCALOT

Für 4 Personen
Zubereitungszeit: 20 Minuten (ohne Wartezeit)
Kochzeit: 20 Minuten

Einkaufsliste
1 kg Kartoffeln
8 Eier
2 Zwiebeln
1 säuerlicher Apfel
5 El Mayonnaise
250 g saure Sahne
150 g Crème fraîche
3 El Salatöl
Salz
Pfeffer

Garnierung
1 El gehackte Petersilie

„Wat söns noch?"

Die Zubereitung von Kartoffelsalat ist außerordentlich vielseitig. Ob mit Wurst, Gewürzgurken, Bratenresten zubereitet – er schmeckt einfach immer.

Vorbereitung

Die Kartoffeln waschen und mit der Schale kochen.
Die Kartoffeln mit kaltem Wasser abschrecken, schälen und abkühlen lassen. Zwischenzeitlich die Eier hart kochen.
Abschrecken, pellen und in kleine Stücke schneiden.
Die Zwiebeln schälen und in feine Würfel schneiden.
Den Apfel waschen, schälen, das Kerngehäuse entfernen und den Apfel in kleine Würfel schneiden.

Zubereitung

Die abgekühlten Pellkartoffeln in Scheiben schneiden. Mayonnaise, Sahne, Crème fraîche und Salatöl in einer großen Schüssel vermischen. Die Kartoffeln mit Eiern, Zwiebeln und Apfelwürfeln dazugeben und vorsichtig miteinander vermischen. Mit Salz und Pfeffer abschmecken. Wenn der Salat zu trocken ist, etwas warmes Wasser dazugießen.

Servieren

Den Äädäppelschlot auf tiefen Tellern anrichten und mit Petersilie garniert servieren.

BRATKARTOFFELN AUS ROHEN KARTOFFELN MIT SPIEGELEI

Für 4 Personen
Zubereitungszeit: 20 Minuten
Bratzeit: 20 Minuten

Einkaufsliste
800 g Kartoffeln
2 Zwiebeln
2 El Öl
1 El Butter
8 Eier
Salz
Pfeffer

Garnierung
1 El Schnittlauchröllchen

Vorbereitung
Die Kartoffeln schälen, waschen und in feine Scheiben schneiden – entweder in der Küchenmaschine oder mithilfe des Gurkenbretts. Die Kartoffelscheiben auf einem Küchen- oder Leinentuch ausbreiten und trockentupfen.
Die Zwiebeln schälen und in feine Ringe schneiden.

Zubereitung

In einer großen Pfanne das Öl erhitzen. Die Kartoffelscheiben in das heiße Öl geben und kräftig anbraten. Die Hitze reduzieren, die Zwiebelringe dazugeben und alles etwa 15–20 Minuten garen lassen.

Vor Ende der Garzeit die Butter in einer zweiten Pfanne erhitzen und wie gewohnt Spiegeleier braten.

Die Bratkartoffeln mit Salz und Pfeffer würzen.

Servieren

Die Bratkartoffeln auf flachen Tellern anrichten, mit den Schnittlauchröllchen garnieren und jeweils 2 Spiegeleier dazusetzen. Dazu einen grünen Salat reichen.

„Wat söns noch?"

Die Bratkartoffeln erst nach der Garzeit salzen, sonst werden sie nicht knusprig.

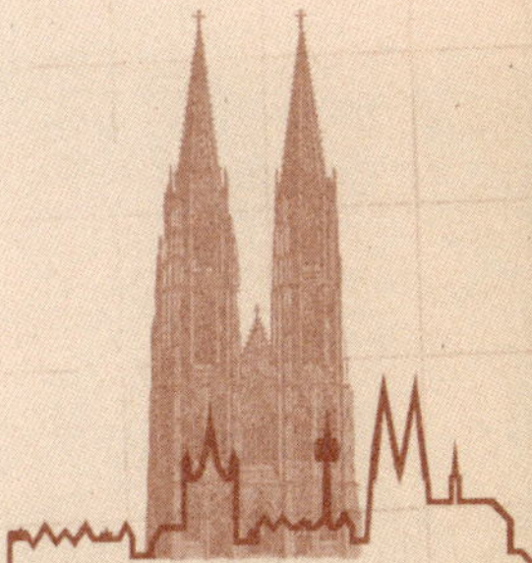

DECKE BUNNE MET SPECK

Für 4 Personen
Zubereitungszeit: 25 Minuten
Kochzeit: 25 Minuten

Einkaufsliste
2 kg frische dicke Bohnen
300 g geräucherter durchwachsener Speck
1 Zwiebel
1 Bund Bohnenkraut
1 El Butter
2 El Mehl
3 El Sahne
Salz
Pfeffer

„Wat söns noch?"

Die dicken Bohnen schmecken am besten, wenn sie klein sind und noch keinen harten Mantel haben. Frei nach dem Motto des Kölners: „Decke Bunne met Speck – wer dat nit mag, is jeck."

Vorbereitung

Die Bohnen aus den Hülsen befreien. Den Speck in kleine Würfel schneiden. Die Zwiebel schälen und in kleine Würfel schneiden. Das Bohnenkraut waschen, gut trockenschütteln und abzupfen.

Zubereitung

In einem Topf etwa 1 l Wasser zum Kochen bringen. Die Bohnen dazugeben und bei mittlerer Hitze etwa 20 Minuten köcheln lassen. Die Bohnen durch ein Sieb abgießen, dabei die Flüssigkeit auffangen.

Die Butter erhitzen und die Speck- und Zwiebelwürfel darin andünsten. Das Mehl darüberstreuen und mit der Bohnenbrühe nach und nach ablöschen. Das Ganze nochmals aufkochen lassen und die Sahne einrühren. Mit Salz und Pfeffer würzen. Die Bohnen mit dem Bohnenkraut in die Soße geben, verrühren und kurz durchziehen lassen.

Servieren

Die decke Bunne met Speck in eine Schüssel füllen und mit Salzkartoffeln zu Tisch bringen.

ENDIVIENJEMANGS

Für 4 Personen

Zubreitungszeit: 30 Minuten
Kochzeit: 25 Minuten

Einkaufsliste

750 g Kartoffeln
2 Endiviensalate
200 g magerer geräucherter Speck
2 Zwiebeln
Saft von 1 Zitrone
1/2 Tl Zucker
Salz
Pfeffer
3 El Salatöl
300 ml Milch
50 g Butter
Muskatnuss

„Wat söns noch?"

Der Name „Jemangs" stammt daher, dass man die Zutaten dieses Gerichts erst vor dem Verspeisen auf dem Teller miteinander vermengt.

Vorbereitung

Die Kartoffeln schälen, waschen und vierteln.
Von den Salaten die äußeren Blätter entfernen und gründlich waschen. Die Salatblätter trockenschleudern und in feine Streifen schneiden.
Den Speck von der Speckschwarte befreien und in feine Würfel schneiden.
Die Zwiebeln schälen und in feine Würfel schneiden.

Zubereitung

Die Kartoffeln in Salzwasser gar kochen.
Die Speckwürfel in einer Pfanne ohne weitere Zugabe von Fett knusprig braun ausbraten.
Aus Zwiebelwürfeln, Zitrone, Zucker, Salz, Pfeffer und Öl eine Salatsoße rühren und die Salatstreifen mit dem Dressing verrühren.
Die Kartoffeln abgießen und mit dem Kartoffelstampfer stampfen. Die Milch erhitzen und nach und nach unter die Kartoffeln rühren (kräftig rühren, damit das Püree schön locker wird). Die Butter dazugeben und in das Püree einrühren.
Mit Salz und Muskatnuss abschmecken.

Servieren

Zuerst den Endiviensalat in tiefe Teller füllen, darauf das Kartoffelpüree setzen und abschließend mit Speckwürfeln belegen. Dazu ein gut gekühltes Kölsch servieren.

Himmel un Ääd

Für 4 Personen

Zubereitungszeit: 30 Minuten
Koch- & Bratzeit: 25 Minuten

Einkaufsliste

1 kg Kartoffeln
1 kg Äpfel
2 große Zwiebeln
100 g durchwachsener Speck
1 Ring Blutwurst
2 El Mehl
Salz
1 El Zucker
1 El Öl
200 ml heiße Milch
30 g Butter
Pfeffer
1 Prise Muskatnuss

„Wat söns noch?"

Der Name Himmel un Ääd steht für Äpfel = Himmel und Kartoffeln = Erde (Ääd).

Vorbereitung

Die Kartoffeln schälen, waschen und grob würfeln.
Die Äpfel ebenfalls schälen, vom Kerngehäuse befreien und in Stücke schneiden.
Die Zwiebeln schälen und in feine Ringe schneiden.
Den Speck in kleine Würfel schneiden.
Die Blutwurst in etwa daumendicke Scheiben schneiden und in Mehl wenden.

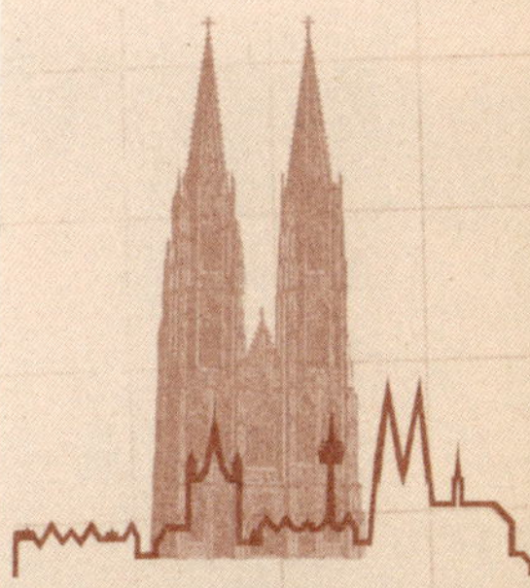

Zubereitung

Die Kartoffeln in Salzwasser gar kochen.
Die Apfelstücke mit wenig Wasser und dem Zucker bei milder Hitze garen lassen. Währenddessen in einer Pfanne das Öl erhitzen, den Speck darin auslassen, die Zwiebeln zugeben, leicht bräunen, aus der Pfanne nehmen und warm stellen.
Die Kartoffeln abgießen, mit dem Kartoffelstampfer zerstampfen, die Milch nach und nach kräftig unterrühren, die Butter dazugeben und mit Salz, Pfeffer und Muskatnuss würzen.
Die Blutwurst in dem verbliebenen Fett von jeder Seite etwa 2 Minuten braten.

Servieren

Kartoffelpüree und Apfelmus nebeneinander auf den Teller geben, die Blutwurst darauf anrichten und Speck und Zwiebeln darüber verteilen.

KARTOFFELAUFLAUF

Für 4 Personen
Zubereitungszeit: 25 Minuten
Backzeit: 2 Stunden

Einkaufsliste
1 kg Kartoffeln
4 Zwiebeln
Etwas Öl zum Einfetten der Auflaufform
4 Eier
Salz
Pfeffer
300 g Schinkenspeck (vom Metzger in dünne Scheiben schneiden lassen)
2 El Butter

Garnierung
1 El gehackte Petersilie

Vorbereitung
Die Kartoffeln schälen, waschen und in der Küchenmaschine oder mit der Küchenreibe fein reiben. Die Kartoffeln mithilfe eines Leinentuches ausdrücken, dabei den Kartoffelsaft in einer Schüssel auffangen und stehen lassen, bis sich die Kartoffelstärke am Schüsselboden abgesetzt hat. Die Flüssigkeit abgießen und die Kartoffelstärke zu der Kartoffelmasse geben. Die Zwiebeln schälen und in kleine Würfel schneiden. Ein Auflaufform mit Öl einfetten und den Backofen auf 200 °C vorheizen.

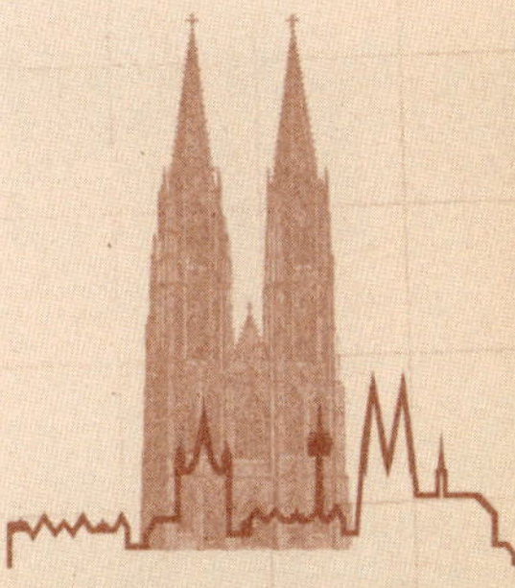

Zubereitung

Die Kartoffelmasse mit Eiern und Zwiebeln vermischen und mit Salz und Pfeffer würzen.
Den Auflaufboden mit einer Lage Speckscheiben belegen, eine Lage Kartoffelmasse darauf verteilen und abwechselnd weiterschichten. Die letzte Schicht sollten Kartoffeln sein.
Die Butter als Flöckchen auf den Auflauf setzen und diesen etwa 2 Stunden im Backofen goldgelb backen lassen.

„Wat söns noch?"

Wenn der Auflauf zu dunkel werden sollte, decken Sie ihn mit Alufolie ab.

Servieren

Den Kartoffelauflauf mit der Petersilie garnieren und in der Form heiß zu Tisch bringen. Dazu einen grünen Salat und natürlich ein gut gekühltes Kölsch servieren.

ÄÄDÄPPELSCHALOT (WARM) MET SPECK

Für 4 Personen
Zubereitungszeit: 30 Minuten
Kochzeit: 20 Minuten

Einkaufsliste
1 kg Kartoffeln
250 g magerer geräucherter Speck
1 Zwiebel
300 ml Fleischbrühe
2 El Weißweinessig
Salz
Pfeffer

Garnierung
2 El gehackte Petersilie

Vorbereitung
Die Kartoffeln wie gewohnt mit der Schale zu Pellkartoffeln kochen, kalt abschrecken, pellen, noch warm in Scheiben bzw. Stücke schneiden und in eine große Schüssel geben. Den Speck in feine Würfel schneiden. Die Zwiebel schälen und ebenfalls in kleine Würfel schneiden.

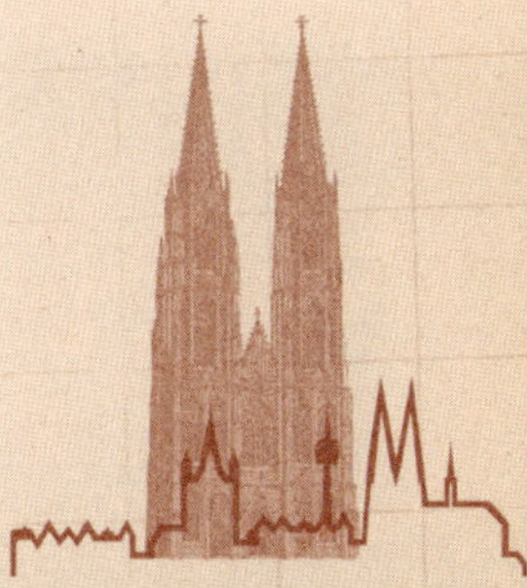

Zubereitung

Die Speck- und Zwiebelwürfel in einer Pfanne auslassen, aus der Pfanne nehmen und zu den Kartoffeln geben.
Die Fleischbrühe mit dem Essig in einem Topf erhitzen und über die Kartoffeln gießen. Den Kartoffelsalat mit Salz und Pfeffer würzen und vorsichtig verrühren.

Servieren

Den Kartoffelsalat in eine Servierschüssel füllen und mit der Petersilie garniert zu Tisch bringen.

„Wat söns noch?"

Verwenden Sie fest kochende Kartoffeln, denn diese brechen beim Schneiden nicht auseinander.

KOHLROULADEN

Für 4 Personen

Zubereitungszeit: 40 Minuten
Kochzeit: 60 Minuten

Einkaufsliste

1 großer Weißkohl
1 altbackenes Brötchen (vom Vortag)
2 Zwiebeln
800 g gemischtes Hackfleisch
1 Ei
Salz
Pfeffer
2 El Butterschmalz
500 ml Fleischbrühe
1 El Speisestärke
3 El Crème fraîche

Vorbereitung

Den Weißkohl von den äußeren Blättern befreien. Den Kohlkopf in einem Topf mit kochendem Wasser kurz blanchieren (dadurch lassen sich die Blätter besser lösen und rollen). Den Kohl aus dem Topf heben und abtropfen lassen. Die Kohlblätter ablösen und von den dicken Blattrippen befreien. Das Brötchen in Wasser einweichen und ausdrücken. Die Zwiebeln schälen, in kleine Würfel schneiden und mit Hackfleisch, Ei und Brötchen sowie mit Salz und Pfeffer vermischen.

Zubereitung

Die größten Weißkohlblätter aussuchen und portionsweise mit der Fleischmasse belegen. Die Blätter seitlich einschlagen und zu Rouladen aufrollen. Damit sich die Rouladen beim Kochen nicht öffnen, diese mit Küchengarn umwickeln. Das Butterschmalz in einem großen Topf erhitzen und die Kohlrouladen darin von allen Seiten kräftig anbraten. Mit der Fleischbrühe ablöschen und bei mittlerer Hitze etwa 50 Minuten garen lassen. Die Kohlrouladen aus dem Topf heben, vom Küchengarn befreien und warm halten. Die Speisestärke in etwas Wasser auflösen und die Soße damit binden. Kurz aufkochen lassen, mit Crème fraîche verfeinern und ggf. mit Salz und Pfeffer würzen.

Servieren

Die Kohlrouladen auf einer Fleischplatte anrichten und mit etwas Soße begießen. Die restliche Soße separat servieren.

„Wat söns noch?"

Die Größe der Rouladen bestimmen Sie selbst. Wenn Sie noch viel von dem Kohl übrig haben, können Sie diesen zu Weißkohlgemüse verarbeiten. Die Blätter in feine Streifen schneiden. Eine Zwiebel schälen, in feine Würfel schneiden. Beides in Butter andünsten, mit etwas Wasser oder Gemüsebrühe ablöschen und mit Salz und kräftig mit Pfeffer würzen.

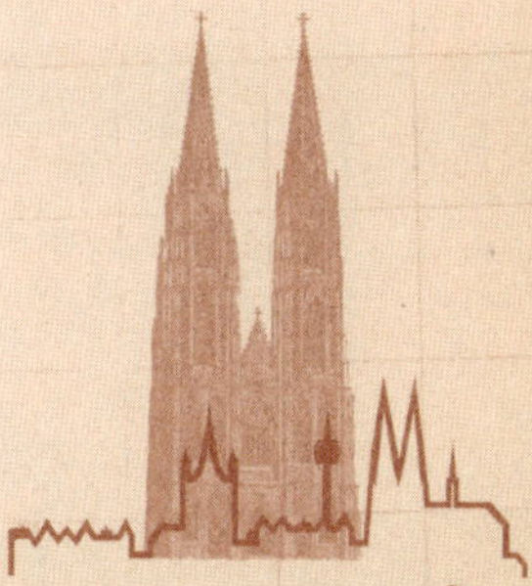

MUURE DURCHEINANDER MIT BRODWOOSCH

Für 4 Personen
Zubereitungszeit: 20 Minuten
Kochzeit: 20 Minuten

Einkaufsliste
1 kg Möhren
700 g Kartoffeln
100 g magerer Speck
1 Zwiebel
Zucker
Salz
1 EL Öl
80 g Butter
4–8 frische Bratwürste (je nach Hunger)
Pfeffer

Garnierung
1 El gehackte Petersilie

Vorbereitung

Die Möhren und die Kartoffeln schälen, waschen und in kleine Stücke schneiden. Den Speck in kleine Würfel schneiden. Die Zwiebel schälen und ebenfalls würfeln.

Zubereitung

In einem Topf wenig Wasser zum Kochen bringen und die Möhrenstücke mit Zucker und Salz darin gar kochen. Die Kartoffelstücke in Salzwasser weich kochen. Zwischenzeitlich die Speck- und Zwiebelwürfel in einer Pfanne mit etwas Öl auslassen. In einer großen Pfanne das Öl erhitzen und die Bratwürste darin goldbraun braten.
Währenddessen die Möhren in der Flüssigkeit zerstampfen. Die Kartoffeln abgießen, ebenfalls zerstampfen, die Butter einrühren und mit den Möhren vermischen. Speck und Zwiebel dazugeben und mit Salz und Pfeffer abschmecken.

Servieren

Die Murre durcheinander auf flachen Tellern anrichten, die Brodwoosch danebenlegen und mit der Petersilie garniert zu Tisch bringen.

„Wat söns noch?"

Wenn Sie das Möhrengemüse etwas milder mögen, lassen Sie Speck und Zwiebeln einfach weg.

QUALLMÄNNER MET KLATSCHKIES

Für 4 Personen
Zubereitungszeit: 20 Minuten
Kochzeit: 25 Minuten

Einkaufsliste
1 kg Kartoffeln
2 Bund Schnittlauch
750 g Quark (20 % Fett)
1 Becher Schmand
Salz
Pfeffer

Garnierung
1 El Schnittlauchröllchen

„Wat söns noch?"

Den Quark können Sie auch mit anderen Kräutern, zum Beispiel Brunnenkresse, Petersilie, Knoblauch und/oder Frühlingszwiebeln, anrühren.

Vorbereitung

Die Kartoffeln waschen und mit der Schale zu Pellkartoffeln kochen. Den Schnittlauch waschen, trockenschütteln und in Röllchen schneiden.

Zubereitung

Den Quark mit Schmand, Salz, Pfeffer und Schnittlauch (1 El beiseitestellen) verrühren.
Die Kartoffeln abgießen, kalt abschrecken und pellen.

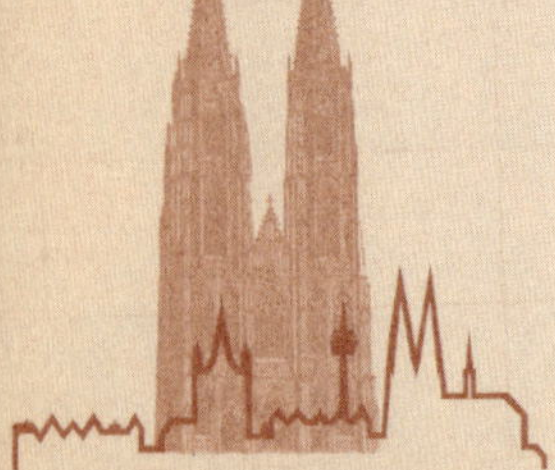

Servieren

Die Kartoffeln und den Quark jeweils in Schüsseln füllen und mit dem restlichen Schnittlauch garniert zu Tisch bringen.

RIEVKOOCHE

Für 4 Personen

Zubereitungszeit: 40 Minuten
Bratzeit: 10 Minuten

Einkaufsliste

1 1/2 kg Kartoffeln
2 Zwiebeln
2 Eier
4 El Mehl
Salz
Pfeffer
Viel Öl zum Ausbacken

Vorbereitung

Die Kartoffeln schälen, waschen und in der Küchenmaschine oder mit der Kartoffelreibe fein reiben. Die entstehende Flüssigkeit abgießen bzw. die Kartoffeln ausdrücken, die sich absetzende Kartoffelstärke belassen. Die Zwiebeln schälen und in feine Würfel schneiden.

„Wat söns noch?"

In Köln werden Reibekuchen traditionell mit Schwarzbrot, Butter und Rübenkraut serviert.

Zubereitung

Die Kartoffelmasse mit Zwiebeln, Eiern und Mehl mischen und kräftig mit Salz und Pfeffer würzen.
In einer großen Pfanne (wer's schneller mag, nimmt zwei Pfannen) reichlich Öl erhitzen. Pro Reibekuchen einen großen

Löffel Kartoffelmasse in das heiße Fett geben, flach drücken und von beiden Seiten insgesamt vier Minuten goldgelb backen. Die Reibekuchen auf Küchenpapier abtropfen lassen.

Servieren

Die Rievkooche möglichst heiß zu Tisch bringen.

SPARGEL MIT SALZKARTOFFELN & GEKOCHTEM SCHINKEN

Für 4 Personen

Zubereitungszeit: 30 Minuten
Kochzeit: 25 Minuten

Einkaufsliste

800 g Kartoffeln
Salz
2 kg weißer Spargel
200 g Butter
1 Prise Zucker
12 Scheiben gekochter Schinken

Garnierung

1 El gehackte Petersilie

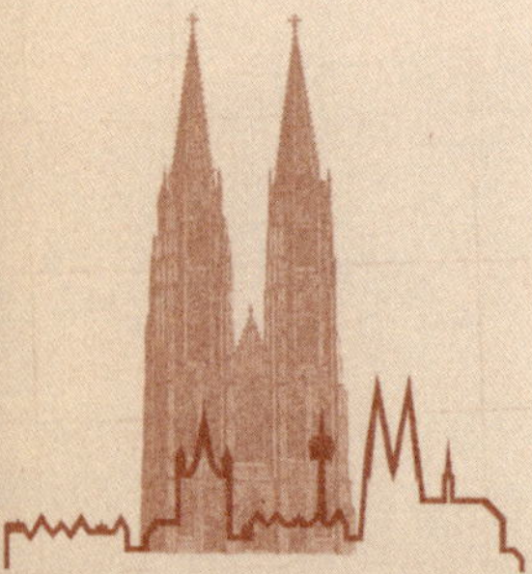

Vorbereitung

Den Spargel mit dem Spargelschäler vom Kopf her schälen und waschen. Die holzigen Enden abschneiden.
Die Kartoffeln schälen, waschen und je nach Größe halbieren oder vierteln.

Zubereitung

In einem großen Topf die Kartoffeln aufsetzen und gar kochen.
In einem zweiten großen Topf etwas Salzwasser zum Kochen bringen. Die Hälfte von der Butter, den Zucker und den Spargel dazugeben. Den Spargel in etwa 12 Minuten gar kochen (je nach Dicke der Spargelstangen kann sich die Kochzeit verlängern).
Zwischenzeitlich den Schinken (evtl. den Fettrand entfernen) zu Röllchen drehen und auf einem flachen Teller anrichten.
Die restliche Butter auslassen.
Die Kartoffeln abgießen und in eine Schüssel füllen.
Den Spargel mithilfe einer Schöpfkelle aus dem Topf heben, abtropfen lassen, in eine flache Form legen und mit der Butter begießen.

Servieren

Kartoffeln und Schinken mit der Petersilie garnieren und mit dem Spargel zu Tisch bringen.

„Wat söns noch?"

Mit dem Spargelsud können Sie auch eine Sauce hollandaise zubereiten.

Speckboahnen

Für 4 Personen

Zubreitungszeit: 40 Minuten
Kochzeit: 35 Minuten

Einkaufsliste

1 kg frische grüne Bohnen
1 Zwiebel
1 Bund Bohnenkraut
2 El Butter
300 g Schinkenspeckwürfel
Salz
Pfeffer

„Wat söns noch?“

Eine leckere Variante: Kochen Sie die Bohnen zusätzlich mit Äpfeln oder Birnen – schmeckt sehr gut!

Vorbereitung

Die Bohnen waschen, putzen und von den Fäden befreien.
Die Zwiebel schälen und in feine Würfel schneiden.
Das Bohnenkraut waschen, trockentupfen und klein zupfen.

Zubereitung

Die Butter in einem großen Topf erhitzen, die Schinkenspeck- und die Zwiebelwürfel darin kurz anbraten. Die Bohnen mit dem Bohnenkraut dazugeben, mit Salz und Pfeffer würzen und 250 ml Wasser angießen. Bei geschlossenem Deckel und mäßiger Hitze etwa 30 Minuten garen lassen.

Servieren

Die Bohnen in eine Schüssel füllen und mit Salzkartoffeln und Bratwurst servieren.

SUUR BUNNE

Für 4 Personen
Zubereitungszeit: 20 Minuten
Kochzeit: 30 Minuten

Einkaufsliste
650 g Kartoffeln
1 kg sauer eingelegte Fassbohnen (Rheinische Bohnen im Beutel)
1 Zwiebel
1 El Butterschmalz
200 g Speckwürfel
30 g Butter
Salz
Pfeffer

Vorbereitung

Die Kartoffeln schälen, waschen und vierteln. Die Bohnen in einem Sieb abgießen und eventuell mit kaltem Wasser übergießen (sie sind dann weniger sauer). Die Zwiebel schälen und in kleine Würfel schneiden.

Zubereitung

Die Kartoffeln in Salzwasser gar kochen. Die Bohnen in wenig Wasser etwa 30 Minuten bei kleiner Hitze köcheln lassen. Das Butterschmalz in einer Pfanne erhitzen und Speck- und Zwiebelwürfel darin braten. Die Kartoffeln abgießen und mit dem Kartoffelstampfer zerstampfen. Die Butter zu den Kartoffeln geben und alles unter

„Wat söns noch?"

Sind Ihnen die Bohnen zu sauer, können Sie etwas Zucker dazugeben.

die Bohnen mischen. Die Speck- und Zwiebelwürfel dazugeben und mit Salz und Pfeffer abschmecken.

Servieren

Die suur Bunne in eine Schüssel füllen und mit Kasseler Kotelett oder frischer Bratwurst servieren.

ZWIEBELKUCHEN

„Wat söns noch?"

Den Teig können Sie auch mit Trockenhefe herstellen. Das erspart die Wartezeit. Zwiebelkuchen wird meist im Herbst zusammen mit Federweißer serviert, er schmeckt aber eigentlich das ganze Jahr über.

Für 4 Personen

Zubereitungszeit: 30 Minuten (ohne Wartezeit)
Backzeit: 40 Minuten

Einkaufsliste

Für den Teig

500 g Mehl
30 g frische Hefe
1 Prise Zucker
250 ml warme Milch
1 Tl Salz
80 g weiche Butter

Für den Belag

1 kg Zwiebeln
2 El Butter
Salz
Pfeffer
3 Eier
250 ml Schmand
250 g magere Speckwürfel
2 Tl Kümmel

Vorbereitung

Das Mehl in eine Schüssel sieben und in die Mitte eine Mulde drücken. Hefe mit Zucker und etwas warmer Milch verrühren, in die Mulde geben und mit etwas Mehl bestäuben.
Salz und Butterflöckchen auf den Mehlrand setzen und abgedeckt etwa 20 Minuten an einem warmen Ort ruhen lassen.
Dann alles mit den Händen von der Mitte her zu einem glatten Teig verarbeiten. Nochmals abdecken und 30 Minuten gehen lassen.
Zwischenzeitlich die Zwiebeln schälen und in feine Ringe schneiden.
Ein Backblech mit Backpapier auslegen und den Backofen auf 200 °C vorheizen.

Zubereitung

Die Butter in einer großen Pfanne erhitzen und die Zwiebelringe darin glasig andünsten. Mit Salz und Pfeffer würzen und etwas abkühlen lassen.
Die Eier mit dem Schmand verquirlen, etwas salzen.
Den Teig noch einmal durchkneten und auf dem Backblech ausrollen. Die Zwiebeln auf dem Teig verteilen, die Speckwürfel darüberstreuen und mit dem Kümmel würzen.
Die Eiermischung darübergießen und im Backofen etwa 40 Minuten backen lassen.

Servieren

Den Zwiebelkuchen in gleich große Stücke portionieren und mit einem grünen Salat servieren.

Westfassade des
Kölner Doms

SUPPEN & EINTÖPFE

BUTTERMILCH-SUPPE

Für 4 Personen

Zubereitungszeit: 10 Minuten
Kochzeit: 5–10 Minuten

Einkaufsliste

1 Brötchen
2 Zwiebeln
20 g Butter
1 El Butterschmalz
50 g magere Speckwürfel
1 El Mehl
1 l Buttermilch
Salz
Pfeffer

Garnierung

1 El Schnittlauchröllchen

„Wat söns noch?"

Die Buttermilchsuppe schmeckt auch mit grünen Bohnen. Dafür das Brot weglassen. Kartoffeln kochen, stampfen und unter die Buttermilchsuppe ziehen. Grüne Bohnen (aus der Dose oder frisch gekocht) dazugeben – fertig.

Vorbereitung

Das Brötchen in kleine Würfel schneiden. Die Zwiebeln schälen und in feine Würfel schneiden.

Zubereitung

Die Butter in einer Pfanne auslassen und die Brotwürfel darin goldgelb anrösten.
In einem Topf das Butterschmalz erhitzen und die Speck- und Zwiebelwürfel darin anbraten. Den Topf von der Herdplatte ziehen, das Mehl darüberstreuen und die Buttermilch dazugeben. Zurück auf die warme Herdplatte stellen, durchrühren, kurz durchziehen lassen und mit Salz und Pfeffer würzen.

Servieren

Die Buttermilchsuppe in Suppenteller füllen, die gerösteten Brotwürfel darauf portionieren und mit den Schnittlauchröllchen garniert servieren.

AAZEZUPP

Für 4 Personen

Zubereitungszeit: 25 Minuten (ohne Wartezeit)
Kochzeit: 90 Minuten

Einkaufsliste

300 g gelbe Erbsen
1 Lauchstange
1/2 Sellerieknolle
1 Möhre
4 Kartoffeln
1 Zwiebel
Salz
Pfeffer
300 g magere Speckwürfel

Garnierung

1 El Petersilie

„Wat söns noch?"

Sie können auch Tellererbsen verarbeiten, das erspart das Einweichen. Auch grüne Erbsen schmecken gut.

Vorbereitung

Die Erbsen über Nacht in reichlich Wasser einweichen. Die Lauchstange von den äußeren Blättern befreien, in kleine Ringe schneiden, waschen und abtropfen lassen. Die Sellerieknolle, die Möhre und die Kartoffeln schälen, waschen und in kleine Würfel schneiden. Die Zwiebel schälen und ebenfalls in kleine Würfel schneiden.

Zubereitung

Die Erbsen mit dem Einweichwasser in einem großen Topf zum Kochen bringen. Ggf. Wasser nachgießen (sollte etwa 1½–2 Liter Flüssigkeit ergeben). Die Erbsen bei geschlossenem Deckel und mittlerer Hitze etwa 60 Minuten kochen lassen. Das Gemüse dazugeben und mit Salz und Pfeffer würzen. Weitere 30 Minuten köcheln lassen.
In der Zwischenzeit Speck- und Zwiebelwürfel in einer Pfanne ausbraten und zur Suppe geben.

Servieren

Die Erbsensuppe in eine Suppenterrine füllen und mit der Petersilie garniert servieren.

GRAUPEZUPP

Für 4 Personen

Zubereitungszeit: 20 Minuten
Kochzeit: 75 Minuten

Einkaufsliste

200 g Suppenfleisch (Beinscheibe)
1 El Fleischbrühe (instant)
1 Lauchstange
2 Möhren
$\frac{1}{2}$ Sellerieknolle
3–4 Kartoffeln
250 g Graupen
Salz
Pfeffer

Garnierung

1 El Schnittlauchröllchen

Vorbereitung

Das Fleisch waschen. In einem großen Topf etwa $1\frac{1}{2}$ l Wasser zum Kochen bringen. Das Fleisch in das Wasser geben und aufkochen lassen. Die gekörnte Brühe dazugeben, die Hitze reduzieren und bei mittlerer Hitze und geschlossenem Deckel etwa 30 Minuten köcheln lassen. Das Gemüse schälen, putzen, waschen und in kleine Würfel schneiden.

„Wat söns noch?"

Sie können die Suppe auch ohne Fleischbrühe zubereiten. Die Graupen dann nur in Gemüsebrühe kochen. Mit Bockwürsten servieren.

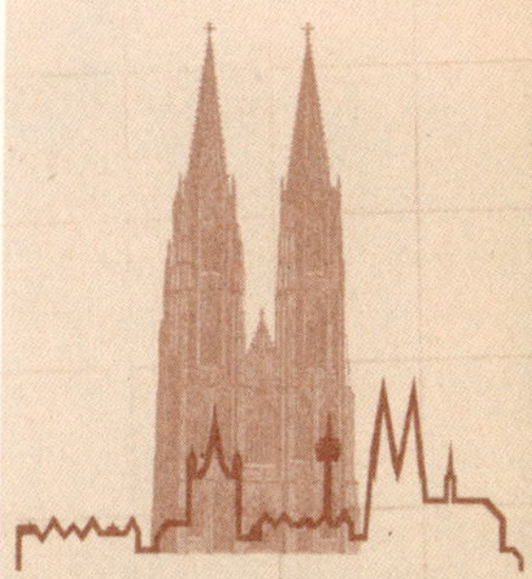

Zubereitung

Die Graupen zu dem Fleisch geben und etwa 30 Minuten kochen lassen. Dann das Gemüse dazugeben und nochmals 15 Minuten garen lassen. Ggf. noch etwas Wasser nachgießen. Das Fleisch aus der Suppe nehmen, in mundgerechte Stücke schneiden und zurück in die Suppe geben. Mit Salz und Pfeffer abschmecken.

Servieren

Die Suppe in Suppenteller füllen und mit Schnittlauchröllchen garniert heiß servieren.

ÄÄDÄPPELZUPP

Für 4 Personen
Zubereitungszeit: 30 Minuten
Kochzeit: 30 Minuten

Einkaufsliste

1 kg Kartoffeln
1 Bund Suppengemüse
1 Zwiebel
100 g magere Speckwürfel
1 l Gemüsebrühe
Salz
Pfeffer
Majoran
1 Becher saure Sahne

Garnierung

1 El Schnittlauchröllchen

Vorbereitung

Die Kartoffeln schälen, waschen und in kleine Würfel schneiden. Das Suppengemüse putzen, waschen und in kleine Stücke schneiden. Die Zwiebel schälen und in kleine Würfel schneiden. Den Speck in einer Pfanne ausbraten.

Zubereitung

Die Gemüsebrühe in einem großen Topf aufkochen lassen und die Kartoffeln und das Gemüse hineingeben. Kurz aufkochen lassen und dann bei mittlerer Hitze etwa 25 Minuten kochen lassen. Abschließend mit Salz, Pfeffer und Majoran abschmecken und die saure Sahne mit den Speckwürfeln einrühren.

Servieren

Die Kartoffelsuppe in tiefe Teller füllen und mit den Schnittlauchröllchen garniert servieren.

„Wat söns noch?"

Sie können die Kartoffelsuppe auch mit einer Fleischbrühe (siehe Jraupezupp) zubereiten.

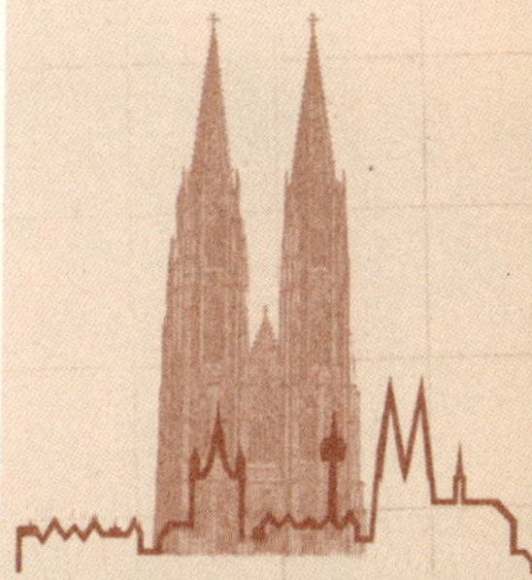

LINSENZUPP

Für 4 Personen
Zubereitungszeit:
20 Minuten (ohne Wartezeit)
Kochzeit: 70 Minuten

Einkaufsliste
500 g Linsen
800 g Suppenfleisch (Rind)
1 Bund Suppengemüse
4 Kartoffeln
2 Zwiebeln
Salz
Pfeffer

Garnierung
1 El Petersilie

„Wat söns noch?"
Die Suppe schmeckt aufgewärmt am nächsten Tag noch viel besser.

Vorbereitung
Die Linsen falls nötig (Tellerlinsen ersparen das Einweichen) über Nacht in reichlich Wasser einweichen.
Das Fleisch waschen. In einem großen Topf etwa 1 l Wasser zum Kochen bringen, das Fleisch hineingeben und aufkochen lassen. Bei geschlossenem Deckel und mittlerer Hitze etwa 40 Minuten kochen lassen.
Zwischenzeitlich das Gemüse putzen, waschen und in kleine Stücke schneiden.

Zubereitung
Die Linsen abgießen, zu dem Fleisch geben und 20 Minuten weiterkochen lassen. Dann das Gemüse dazugeben (ggf. noch etwas Wasser nachgießen) und nochmals 10 Minuten köcheln

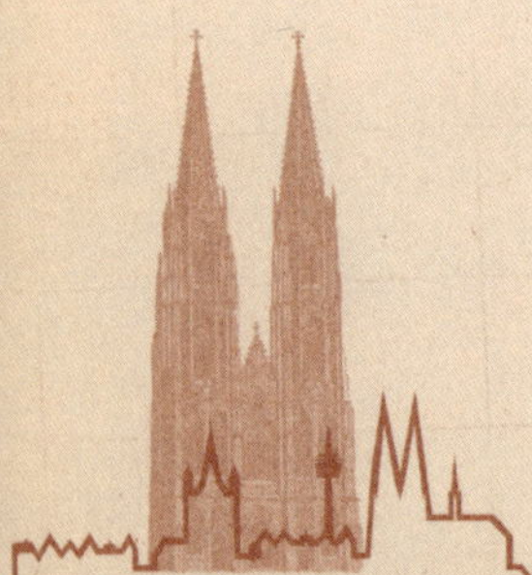

lassen, mit Salz und Pfeffer würzen. Das Fleisch aus der Suppe nehmen, in mundgerechte Stücke schneiden und zurück zur Suppe geben.

Servieren

Die Suppe in Suppenteller füllen und mit der Petersilie garniert servieren.

Quer durch den Garten

Für 4 Personen
Zubereitungszeit: 40 Minuten
Kochzeit: 30 Minuten

Einkaufsliste

5 Kartoffeln
2 Zwiebeln
100 g frische grüne Bohnen
2 Möhren
1/2 Sellerieknolle
1 Selleriestaude
1/2 Blumenkohl
150 g Rosenkohl
1 Lauchstange
1 El Öl
1 l Gemüsebrühe
1 Paket Tiefkühlerbsen (extra fein)

Garnierung

1 El Petersilie

Vorbereitung

Die Kartoffeln schälen, waschen und in mundgerechte Stücke schneiden. Die Zwiebeln schälen und in grobe Stücke schneiden. Das Gemüse putzen, waschen und in mundgerechte Stücke schneiden.

„Wat söns noch?"

Selbstverständlich können Sie diese Suppe auch mit anderen Gemüsesorten (je nach Saison) zubereiten. Mit einer Fleischeinlage schmeckt die Gemüsesuppe würziger.

Zubereitung

Das Öl in einem großen Topf erhitzen und die Kartoffel- und Zwiebelstücke darin kurz anbraten. Mit der Gemüsebrühe ablöschen, kurz aufkochen lassen und das restliche Gemüse, außer dem Lauch, dazugeben. Bei mittlerer Hitze und geschlossenem Deckel etwa 25 Minuten köcheln lassen. Dann den Lauch dazugeben und nochmals 5 Minuten garen lassen.

Servieren

Die Suppe in eine Suppenterrine füllen und mit der Petersilie bestreut servieren.

WEISSE BOHNENSUPPE

Für 4 Personen

Zubereitungszeit: 15 Minuten (ohne Wartezeit)
Kochzeit: 120 Minuten

Einkaufsliste

400 g weiße Bohnen
1 Bund Suppengemüse
500 g Kartoffeln
1 Zwiebel
1 Bund Bohnenkraut
Salz
Pfeffer

Garnierung

1 El Schnittlauchröllchen

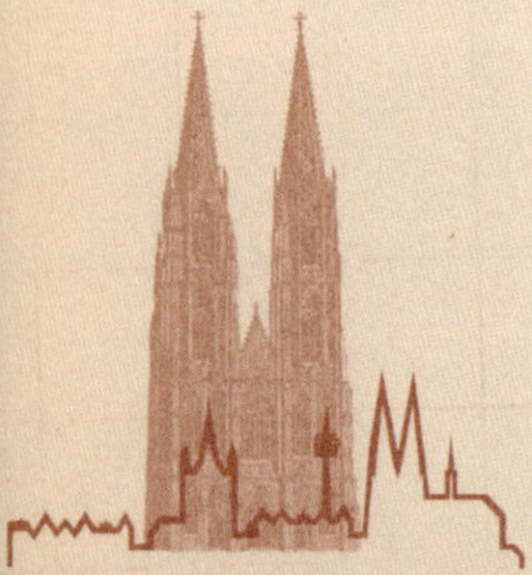

Vorbereitung

Die Bohnen über Nacht in reichlich Wasser einweichen. Das Suppengemüse putzen, waschen und in kleine Stücke schneiden. Die Kartoffeln waschen, schälen und in Würfel schneiden. Die Zwiebel schälen und hacken. Das Bohnenkraut waschen und trockenschütteln.

Zubereitung

Die Bohnen in einem großen Topf im Einweichwasser zum Kochen bringen. Bei mittlerer Hitze und geschlossenem Deckel etwa 90 Minuten köcheln lassen. Danach die Kartoffeln, das Gemüse und das Bohnenkraut dazugeben und weitere 30 Minuten kochen. Abschließend mit Salz und kräftig mit Pfeffer würzen.

Servieren

Die weiße Bohnensuppe in eine Suppenterrine füllen und mit den Schnittlauchröllchen garniert heiß zu Tisch bringen.

„Wat söns noch?"

Besonders gut zu dieser Suppe schmecken Mettwürste.

ZWIEBELSUPPE

Für 4 Personen
Zubereitungszeit: 25 Minuten
Kochzeit: 25–30 Minuten

Einkaufsliste
800 g Zwiebeln
2 Scheiben Weißbrot
2 El Butter
Salz
Pfeffer
1 Tl Kümmel
1 l Gemüsebrühe
250 ml Weißwein
100 g geriebener Käse

Garnierung
1 El gehackte Petersilie

Vorbereitung
Die Zwiebeln schälen und in Ringe schneiden.
Das Weißbrot in Würfel schneiden und in 1 El heißer Butter goldbraun anrösten.
Den Backofen auf 200 °C vorheizen.

Zubereitung
In einem großen Topf die restliche Butter auslassen und die Zwiebelringe darin glasig andünsten. Mit Salz, Pfeffer und Kümmel würzen. Mit Gemüsebrühe und Weißwein ablöschen

und bei mittlerer Hitze und geschlossenem Deckel etwa 25 Minuten köcheln lassen.

Die Zwiebelsuppe in feuerfeste Suppentassen füllen, das geröstete Weißbrot darauf verteilen und mit dem geriebenen Käse bestreuen. Im Backofen etwa 5 Minuten überbacken lassen.

Servieren

Die Zwiebelsuppe mit Petersilie garnieren und heiß zu Tisch bringen.

„Wat söns noch?"

Mit Kümmel ist die Zwiebelsuppe bekömmlicher.

Heiligenfigur am
Kölner Dom

DESSERTS & KUCHEN

Für 4 Personen
Zubereitungszeit: 30 Minuten (ohne Wartezeit)
Backzeit: 3–4 Minuten (pro Pfannkuchen)

APPELPANNTAAT

Einkaufsliste
250 g Mehl
60 g Zucker
1 Tl Backpulver
Salz
3 Eier
500 ml Milch
3 säuerliche Äpfel
30 g Butter

Garnierung
Puderzucker

Vorbereitung
Mehl, Zucker, Backpulver und etwas Salz in einer Schüssel verrühren. Eier und Milch miteinander verquirlen, zu der Mehlmischung geben und gut miteinander verrühren. Den Teig 30 Minuten ruhen lassen. Zwischenzeitlich die Äpfel schälen und in schmale Scheiben schneiden.

Zubereitung
In einer Pfanne die Butter schmelzen. Mit einer Schöpfkelle den Teig in das heiße Fett geben und die Apfelscheiben darauflegen. Die Pfannkuchen etwa 2 Minuten von dieser Seite goldbraun ausbacken. Anschließend auf die andere Seite wenden und noch einmal 2 Minuten backen lassen.

Servieren
Die Apfelpfannkuchen direkt auf flache Teller geben und mit Puderzucker bestreut servieren.

„Wat söns noch?"

Probieren Sie die Pfannkuchen auch mit anderen Früchten – der Fantasie sind keine Grenzen gesetzt.

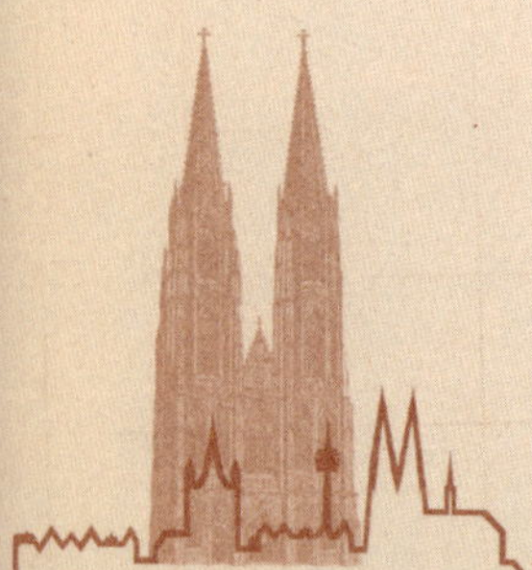

APRIKOSEN-QUARK-AUFLAUF

Für 4 Personen
Zubereitungszeit: 20 Minuten
Backzeit: 45 Minuten

Einkaufsliste
300 g Aprikosen (Dosenfrüchte)
Butter zum Einfetten der Form
50 g weiche Butter
50 g Zucker
3 Eigelb
1 Prise Salz
150 g Weichweizengrieß
125 ml Milch
3 El Zitronensaft
500 g Quark
3 Eiweiß

Garnierung
1 El Puderzucker

Vorbereitung
Die Aprikosenfrüchte in einem Sieb abtropfen lassen. Eine Auflaufform mit etwas Butter einfetten und die Aprikosen mit der Schnittfläche nach unten in die Form setzen. Den Backofen auf 190 °C vorheizen.

Zubereitung

Die Butter mit Zucker, Eigelb und Salz in einer Schüssel schaumig schlagen. Grieß, Milch, 1 El Zitronensaft und Quark dazugeben und miteinander verrühren.
Eiweiß mit dem restlichen Zitronensaft steif schlagen und unter die Masse heben.
Den Teig über die Aprikosen verteilen und glatt streichen. Im Backofen etwa 45 Minuten backen lassen.

„Wat söns noch?"

Wenn im Sommer frische Aprikosen erhältlich sind, können Sie diese durch die Dosenfrüchte ersetzen. Dann aber nur sehr reife Früchte verarbeiten.

Servieren

Den Auflauf auf Desserttellern anrichten und mit Puderzucker bestreut servieren.

ARME RITTER

Für 4 Personen

Zubereitungszeit: 10 Minuten (ohne Wartezeit)
Koch- & Bratzeit: 10 Minuten

Einkaufsliste

250 ml Milch
2 El Vanillezucker
Abrieb von 1 Zitrone
5 Eier
8 Scheiben Weißbrot
60 g Butter

Garnierung

2 El Zimt
2 El Zucker

Zubereitung

Die Milch in einem Topf mit Vanillezucker und Zitronenschale kurz aufkochen und dann abkühlen lassen. Die Eier in einer Schüssel aufschlagen und mit der abgekühlten Milch verquirlen. Die Brotscheiben mit der Milchmischung tränken und in einer Pfanne mit der erhitzten Butter goldgelb braten.

Servieren

Zimt und Zucker mischen und über die Armen Ritter streuen. Dazu Vanillesoße oder Eis reichen.

„Wat söns noch?"

Das Brot für die Armen Ritter sollte nicht zu frisch sein, da es sonst zerfällt.

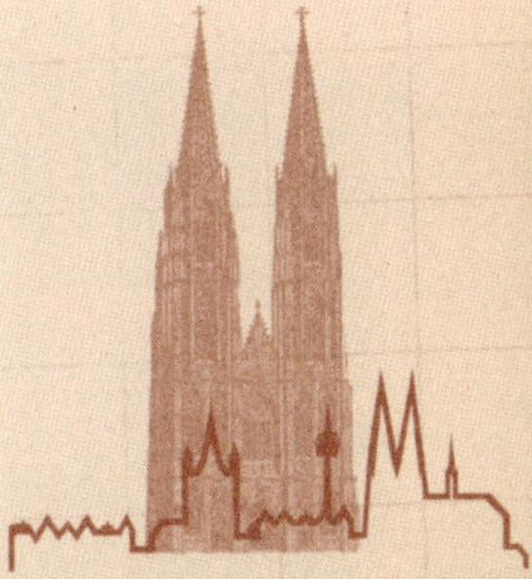

BRATÄPFEL

Für 4 Personen
Zubereitungszeit: 20 Minuten
Backzeit: 15 Minuten

Einkaufsliste
4 säuerliche Äpfel
4 Tl Butter
250 g Schlagsahne
1 Päckchen Vanillezucker

„Wat söns noch?"

Bratäpfel können vielseitig zubereitet werden. Gefüllt mit Nüssen, Marzipan, Nougat und/oder Mandeln oder auch „beschwippst" mit Kirschwasser, dazu Eis – in allen Variationen sind sie ein Genuss.

Vorbereitung

Die Äpfel waschen und das Kerngehäuse ausstechen.
Ein Backblech mit Backpapier auslegen und den Backofen auf 220 °C vorheizen.

Zubereitung

Die Äpfel auf das Blech stellen und die Butter als Flöckchen auf die Aushöhlungen verteilen. Im Backofen etwa 15 Minuten garen lassen. Zwischenzeitlich die Sahne mit dem Vanillezucker steif schlagen.

Servieren

Die Bratäpfel auf Dessertteller setzen und dazu die Sahne separat reichen

BUTTERMILCH MIT FRÜCHTEN

Für 4 Personen
Zubereitungszeit: 20 Minuten (ohne Wartezeit)

Einkaufsliste
600 g gemischte Früchte (nach Wahl)
4 Eier
1 El Zucker
1 l Buttermilch
1 Prise Salz

Garnierung
Einige Blätter Zitronenmelisse

Vorbereitung

Die Früchte verlesen, waschen und gut trocknen. Die größeren Früchte halbieren bzw. in kleine Stücke schneiden.

Zubereitung

Die Eier aufschlagen und trennen. Die Eigelbe mit dem Zucker in einer Schüssel mithilfe des Handmixers schaumig schlagen. Langsam die Buttermilch unterrühren und zugedeckt im Kühlschrank etwa 1 Stunde kühlen lassen. Dann das Eiweiß mit 1 Prise Salz steif schlagen und unter die Buttermilch heben.

Servieren

Den Buttermilchbrei auf Tellern verteilen und mit den Früchten belegen. Mit der Zitronenmelisse garniert zu Tisch bringen.

„Wat söns noch?"

Selbstverständlich schmecken immer die zur Saison angebotenen Früchte am besten.

KRABBELE

Für 4 Personen
Zubereitungszeit: 20 Minuten
Frittierzeit: 10 Minuten

Einkaufsliste

500 g Mehl
1 Päckchen Backpulver
3 Eigelb
120 g Zucker
2 Prisen Salz
1 Spritzer Rosenwasser (in der Apotheke erhältlich)
250 ml lauwarme Milch
3 Eiweiß
150 g Rosinen
1 kg Schmalz

Garnierung

Puderzucker

„Wat söns noch?"

Krabbele sind nicht nur zur Karnevalszeit ein Genuss!

Vorbereitung

Das Mehl in eine Schüssel sieben und mit dem Backpulver mischen. Die Eigelbe mit Zucker und 1 Prise Salz verrühren. Eigelbmasse, Rosenwasser und Milch zum Mehl geben und mit dem Handrührgerät gut vermischen. Das Eiweiß mit 1 Prise Salz steif schlagen und mit den Rosinen unter den Teig heben.

Zubereitung

Das Schweineschmalz in einer Fritteuse auf 80 °C erhitzen. Vom Teig Klöße von etwa 3 cm Durchmesser formen und 3–4 Minuten im heißen Fett ausbacken. Auf Küchenpapier abtropfen lassen.

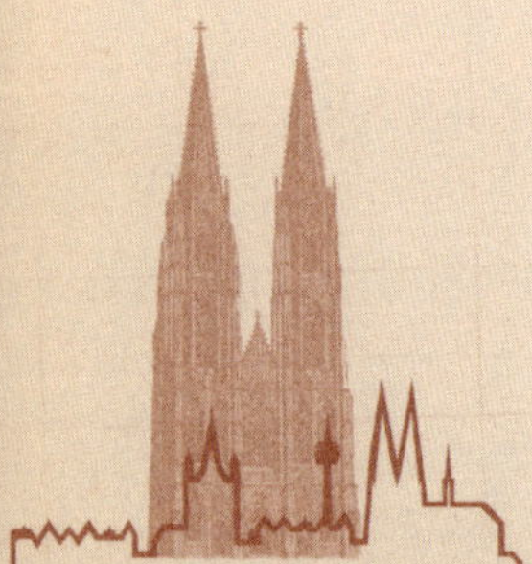

Servieren

Die Krabbele auf einen flachen Teller setzen und mit Puderzucker bestreut servieren.

PRUMMETAAT

Für 4 Personen

Zubereitungszeit: 30 Minuten (ohne Wartezeit)
Backzeit: 35–45 Minuten

Einkaufsliste

1 1/2 kg Zwetschgen
Butter zum Einfetten der Form
2 El Zucker
Etwas Zimt

Für den Teig

500 g Mehl
1 Päckchen Trockenhefe
100 g Zucker
250 ml warme Milch
80 g Butter
1 Prise Salz
1 Ei

Garnierung

250 g Schlagsahne

Vorbereitung

Aus den Zutaten für den Teig einen Hefeteig herstellen (die Trockenhefe erspart den Vorteig), abgedeckt bei Zimmertemperatur 15 Minuten gehen lassen.

Die Zwetschgen waschen, abtropfen lassen und mit einem scharfen Messer längs auf-, aber nicht durchschneiden, die Früchte sollen an einem Stück bleiben. Den Kern entfernen. Die entsteinten Zwetschgen auseinanderklappen und noch einmal fächerförmig einschneiden.
Ein Backblech mit Butter einfetten und den Backofen auf 180 °C vorheizen.
Den Teig noch einmal kräftig durchkneten und auf dem Backblech ausrollen. Abdecken und weitere 15 Minuten gehen lassen.

„Wat söns noch?"

Der Pflaumenkuchen schmeckt auch mit Streuseln. Dafür aus 250 g Mehl, 150 g Zucker, 1 El Vanillezucker und 150 g weicher Butter mit den Fingerspitzen Streusel herstellen und auf dem Kuchen verteilen.

Zubereitung

Den Teig dicht mit den Zwetschgen belegen und mit Zucker und Zimt bestreuen.
Im Backofen etwa 35–45 Minuten backen lassen.

Servieren

Den Pflaumenkuchen in Stücke schneiden und mit frischer Schlagsahne servieren.

RHABARBER-KOMPOTT

Für 4 Personen
Zubereitungszeit: 15 Minuten
Kochzeit: 20 Minuten

Einkaufsliste
500 g Rhabarber
150 g Zucker
3 El Erdbeersirup

Garnierung
125 g Schlagsahne

Vorbereitung

Den Rhabarber waschen und in etwa 2 cm lange Stücke schneiden.

Zubereitung

Rhabarber mit Zucker bestreuen und in einem Topf bei mäßiger Hitze in 20 Minuten gar dünsten. Den Erdbeersirup dazugeben und abkühlen lassen.

Servieren

Das Rhabarberkompott in Dessertschalen füllen und mit der Schlagsahne servieren.

„Wat söns noch?"

Rhabarber und Erdbeeren bilden geschmacklich eine gute Kombination. Anstelle des Sirups können Sie auch frische Erdbeeren oder Erdbeerkompott servieren.

SCHOKOLADEN-PUDDING

Für 4 Personen
Zubereitungszeit: 10 Minuten (ohne Wartezeit)
Kochzeit: 10 Minuten

Einkaufsliste
80 g Blockschokolade
500 ml Milch
45 g Grieß
1 Prise Salz
60 g Zucker
1 Päckchen Vanillezucker

Garnierung
250 g Schlagsahne

„Wat söns noch?"

Selbst gekochter Schokoladenpudding schmeckt im Vergleich zu Fertigprodukten ungleich besser.

Vorbereitung

Die Blockschokolade auf der Küchenreibe fein reiben.

Zubereitung

In einem Topf die Milch aufkochen lassen. Schokolade, Grieß und Salz nacheinander dazugeben, aufkochen und bei kleiner Hitze 5 Minuten quellen lassen. Dann Zucker und Vanillezucker dazugeben und weitere 2 Minuten quellen lassen.

Die Schokoladenmasse in Dessertschalen füllen und im Kühlschrank erkalten lassen.

Servieren

Den Schokoladenpudding mit der Schlagsahne garniert zu Tisch bringen.

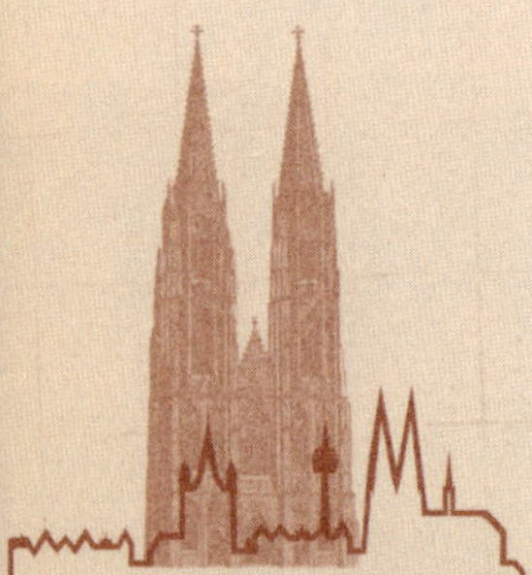

STIEFE RIES MET ZIMT

Für 4 Personen
Zubereitungszeit: 3 Minuten
Kochzeit: 40 Minuten

Einkaufsliste
1 l Milch
3 El Zucker
20 g Butter
1 Prise Salz
200 g Milchreis

Garnierung
Zucker und Zimt (Menge nach Belieben)

Zubereitung
Die Milch mit Zucker, Butter und Salz in einem Topf zum Kochen bringen. Den Reis dazugeben und bei kleiner Hitze etwa 40 Minuten garen lassen.
Hin und wieder umrühren und eventuell noch etwas Milch nachgießen.

Servieren
Den Milchreis auf Desserttellern anrichten und mit Zucker und Zimt bestreut servieren.

„Wat söns noch?"
Wie steif Sie den Reis servieren, richtet sich nach dem Verhältnis von Milch und Reis.

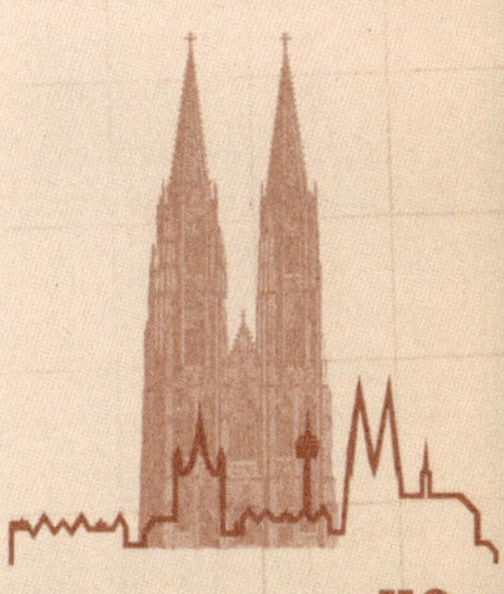

KÖLSCH LEXIKON

= *kulinarisch*

A

aachjevve – achtgeben, beobachten
Ääd – Erde
Äädäppel – Kartoffeln
Äädäppelschlot – Kartoffelsalat
Aap – Affe
Aasch – Gesäß, Hintern
Aat – Art
afjehovve – abgehoben
afjeschmack – abgeschmackt
afknöppe – abnehmen
afmole – abmalen
afschnigge – abschneiden
afschödde – abschütten
afschüme – abschäumen
Afschuum – Abschaum
afstäuve – abstauben
afston – abstehen
afstrigge – abstreiten
afträcke – abziehen
ahl Möhn – Kölsch spöttisch für „alte Frau"
ahle Bemm – Kölsch spöttisch für „alter Mann"
Ähz – Erbse
Ähzezupp – Erbsensuppe
alles Jode – alles Gute
andermol – anderes Mal
Andiveschlot – Endiviensalat
Änhz – Ernst
anluure – anschauen
Appelpanntaat – Apfelkuchen
Äujelche – Augen
avrühme – abräumen
ävver – aber

B

Baach – Bach
Baat – Bart
Backes – Bäckerei
Backstuv – Backstube
Badebütt – Badewanne
Bajaasch – Gepäck
Balch Wachs – Tracht Prügel
Balch – Balg (auch abwertend für Kind; „Es dat ne widderligge Balg" – Ist das ein schreckliches Kind)
Bap – Vater
bedresse – schlecht, betrogen
beisamme – zusammen
bejriefe – begreifen
beschummele – schummeln (harmlos, z. B. beim Kartenspielen)
bestuß – verrückt
betuppe – betrügen
Biesterei – Schmutz, Dreck
bletzeblank – blitzblank
blieve – bleiben
Blomekuhl – Blumenkohl
Blomepott – Blumentopf
Blootwoosch – Blutwurst
Blötsch – Beule
Boddem – Boden
Botteramm – Butterbrot
Botz – Hose
Breitlauf – Breitlauch
brenge – bringen
brode – braten
Brodpann – Bratpfanne
Brodwoosch – Bratwurst
Brodäppel – Bratkartoffeln
bruche – brauchen
Brüdche – Brötchen
Brut – Brot
Bunne – Bohnen
Butz, Bütz – Kuss, Küsse
Buur – Bauer

D

Daach – Tag
dämpe – dampfen
danze – tanzen
dat – das
Däu – Schubs
däue – schieben, drücken
däuve – taufen
deck – dick
Deckkopp – Dickkopf
deesch – dicht
deit – tut
Desch – Tisch
Deuvel, Düüvel – Teufel
dobei – dabei
dobovve – droben
dodrop – darauf
doför – dafür
doheim – zu Hause
doll – verrückt, übermütig
domols – damals
dönn – dünn
Doosch – Durst
Dreß – Mist, Durchfall (unschön – wörtlich: Scheiße)
drihe – drehen
drinke – trinken
dröm, doröm – darum
Droppe – Tropfen
drüsch – trocken
dubbelt – doppelt
dür – teuer
durchbrenge – durchbringen
Duv – Taube

E

eesch – erst
eeschte – erste
eimol – einmal
elans – entlang
em – im
Emmer – Eimer
emmer – immer
endrüjje – eintrocknen
Engk – Ende
Enjemahts – Eingemachtes
enlulle – einschlummern
ensteche – einstecken
Entefott – Entenhintern
entjäje – entgegen
eraff – hinunter
Erbel – Erdbeere
eren – herein
erlevve – erleben
eropp – herauf
evvens – eben

F

Faaß – Fass
Faddem – Faden
fädich – fertig
Familich – Familie
fän – fern
Farv – Farbe
Fäsje – Fässchen
Fasteleer – Fastnacht
Feß – Fest
Fetz – Junge, junger Mann
fiere – feiern
Fierovend – Feierabend
fing – fein
finge – finden
Finster – Fenster
Finsterpützer – Fensterputzer
Fisternöllche – heimliches Liebesverhältnis
Fläsch – Flasche
Fleech – Fliege
Fleischwoosch – Fleischwurst
Fleutekies – Quark
flöck – schnell
Flöcke Pitter – Durchfall
Flönz – Blutwurst
Foderkaat – Speisekarte
Fööß – Füße
för – für
fott – weg
Fott, Fött, Föttche – Hintern, Mehrzahl, kleiner Hintern
Fraulück – Frauen
Fressklötsch – gefräßiger Mensch
fröh – früh
fruh – froh
Fründ, Fründe – Freund, Freunde
Fuss – rothaariger Mensch
fuul – faul

G

Es gibt keine Wörter mit dem Buchstaben „G" in der kölschen Mundart, denn der Kölner spricht „G" wie „J".

H

Häd – Herd, Ofen
Halsavschnigger – Halsabschneider
halv – halb
Hämmche – Hinterkeule vom Schwein
hammer – haben wir
han – haben
Häng – Hände
Hätz – Herz
Hätzblättche – Herzblatt
Hellije – Heilige
Helpe – Hosenträger
Herrjott – Herrgott
hevve – heben
hierode – heiraten
hinge – hinten
Hirring – Hering
Hirringsschlot – Heringssalat
höde – hüten
Hohn, Höhner – Huhn, Hühner
Höhnerföttche – Hühnerhintern
Höhnsche – Hühnchen
holle – holen
Hoor – Haar
höppe – hüpfen
Hot – Hut
Huck – Haut
hück – heute
Huhzick – Hochzeit
hüle – heulen
Humpel – Himbeere
Hungk – Hund
Hunnich – Honig
hüre – hören
Huus – Haus
Huusmeister – Hausmeister

I

Iefer – Eifer
Iel – Eile
ielich – eilig
Ies – Eis
Iesebahn – Eisenbahn
iggelich – aufgeregt, ungeduldig
Ihr – Ehre
im – ihm
Imi – Zugezogener
inne – ihnen
inspireere – inspirieren
instrueere – instruieren
intresseet – interessiert
iwich – ewig
Iwichkeit – Ewigkeit

J

jääl – gelb
jään – gern
Jade – Garten
jäjen – gegen

Jäjendeil – Gegenteil
Jaß – Gasse, aber auch für: Gast
Jebootsdaach – Geburtstag
jebrasselt – gearbeitet
jeck – verrückt, albern
Jedanke – Gedanken
Jedöns – Getue
jeeße – gießen
Jef – Gift
jefunge – gefunden
Jehens – Gehirn
jeht – geht
Jemölsch – Gemisch
Jemös – Gemüse
jeneeße – genießen
Jenoß – Genuss
jeschaf – geschafft
Jeseech – Gesicht
Jesundheit – Gesundheit
jet – etwas
jevve – geben
Jeweech – Gewicht
jewenne – gewöhnen
jewöhnlich – gewöhnlich
Jezänks – Zankerei, Streitigkeit
jit – gibt
jetz – jetzt
Jlas – Glas
jläuve – glauben
jlich – gleich
Jlöck – Glück
jlöcklich – glücklich
Jöck – Juckreiz
Johr – Jahr
jömere – jammern
jonn – gehen
jönne – gönnen
joode – guten
jot – gut
jotmaache – gutmachen
Jotsching – Gutschein
jraduss – geradeaus
Jraupezupp – Graupensuppe
jries – grau
Jries – Greis
jrön – grün
Jröns – Laub
Jrönsele – Stachelbeere
Jroß – Gruß
jroß – groß
Juffer – Jungfrau
jünne – gönnen
Jurk – Gurke
Jux – Spaß

K

Kääl – Mann, Kerl
Kaat – Karte
Kääz – Kerze
Kabänes – Freund
Kabuff – Abstellraum, heruntergekommenes Zimmer
Kaffepott – Kaffeekanne
käjele – kegeln
Kall – Dachrinne
kalle – reden
Kalvledder – Kalbleder
Kamelle – Bonbons
Kappes – Kohl, aber auch für: Unsinn (reden)
Kaschämm – Spelunke
Käu – das zu Kauende, sinnloses Gerede
Keesche – Kirschen
keine – keinen
Keß – Kiste, aber auch für: Auto
Kies – Käse
Kiesbrütche – Käsebrötchen
Kiesplaat – Käseplatte
Klaaf – Klatsch, Geschwätz
Klatschkies – Quark
kläue – klauen
Kloore – Schnaps
knaatsche – weinen
Kniesbüggel, Knieskopp – Geizhals, Geizkragen
kniestich – geizig
Kning – Kaninchen
knüselich – schmutzig, unordentlich
Köbes – Jakob, Kölscher Ober
Kölle – Köln
Kooche – Kuchen
koot – kurz
Kopping – Kopfschmerzen
kötte – betteln
Köttel – kleiner Junge
krabitzisch – zänkisch, streitbar
kriesche – weinen
Krom – Kram
Krönzel – Stachelbeere
Kruck – Kraut
kruffe – kriechen
Krütz – Kreuz
kühme – stöhnen, klagen
Kump – Schüssel
künne – können

L

laache – lachen
Lääve – Leben
läje – legen
Lappekeß – Bett
Latän – Laterne
laufe – laufen
Leech – Licht
leev – lieb
Leevje – Liebchen
Leverwoosch – Leberwurst
Levve – Leben
levvelang – lebenslang
liehne – leihen
liehre – lehren, lernen
Liev – Leib, Körper
ligge – leiden
lije – liegen
loore – lauern
lore – sehen
loß – lass

Loß – Lust
losse – lassen
löstich – lustig
Lück – Leute
Luff – Luft
lügge – läuten
lüje – lügen
luure – gucken, schauen
Luus – Laus

M

maache – machen
Maat – Markt
Mädche, Mädcher – Mädchen
Malör – Unglück
Mamm – Mutter
Meddaach – Mittag
Medde – Mitte
meddendren – mittendrin
meede – mieten
mer – wir
Meß – Mist, Messe
met – mit
Mettbrütche – Mettbrötchen
Metz – Messer
mih – mehr
ming – mein
Minsch – Mensch
mir – wir
Möh – Mühe
mol – mal
mole – malen
Momang – Moment
Mömmes – Nasenpopel
Monete – Geld
mööch – möchte
rnööd – müde
Morje – Morgen
Mötz – Mütze
Mungk – Mund
murkse – umbringen
Mure – Möhren
muse – herumstöbern
Muul – Maul
Muur – Mauer
Muus – Maus
Muuzepuckel – Griesgram

N

nä – nein
Naach – Nacht
naaks – nachts
Nas – Nase
ne – ein
neeße – niesen
nemme – nehmen
Neuichkeite – Neuigkeiten
nevve – neben
nihe – nähen
nit – nicht
nix – nichts
no – nun
nöchter – nüchtern
noh – nahe, nach
Nohber – Nachbar
nohfroge – nachfragen
nohjevve – nachgeben
nohloße – nachlassen
Nommedach – Nachmittag
Noß – Nuss
nüdich – nötig
Nüggel – Schnuller
nüng – neun
Nut – Not

O

Obs – Obst
och – auch, ach
Odenung – Ordnung
Ofer – Ufer
off – oft
Ohr – Uhr
Öllich – Zwiebel
öm – um
ömärbeide – umarbeiten
ömdriehe – umdrehen
ömesöns – umsonst
Ömfang – Umfang
Ömjang – Umgang
ömjon – umgehen
ömmaache – umgraben
ömtrecke – umziehen
Ömzoch – Umzug
öntlich – ordentlich, tüchtig
op – auf
Opnemmer – Aufnehmer
oprüme – aufräumen
ör – eure
Ovve – Ofen
ovve – oben

P

Pääd – Pferd
Pädshunger – Heißhunger
Pann – Pfanne
Panz, Pänz – Kind, Kinder
Paraplü – Regenschirm
pärplex – überrascht
Peffer – Pfeffer
Pief – Pfeife
Ping – Schmerz
pisse – pinkeln
Pläät – Glatze, Platte
plöcke – pflücken
Plümo – Federbett
Plüschprumm – Pfirsich
Pluute – Klamotten
Poosch – Bursche
Pootz – Pforte, Türe
Popp – Puppe
Pott – Topf
Pröll – Plunder
prumeneere – spazieren
Prumm, Prumme – Pflaume, Pflaumen
Prummekumpott – Pflaumenkompott
Prummetaat – Pflaumentorte
Pürk – Perücke
pusseeren – liebkosen
Puus – Pause

Q

Quallmänner – Pellkartoffeln
quängele – jammern
Quasselkopp – Schwätzer
Quateer – Quartier, Stadtviertel
quateere – quartieren
Quetschebüggel – Akkordeon
Quetschetaat – Pflaumenkuchen
Quisel – bösartige, gehässige Frau
quittejääl – quittengelb

R

Rääch – Recht
raafe – raffen, an sich reißen
rääts – rechts
raderdoll – überdreht, verrückt
Rähndroppe – Regentropfen
rammdösich – vollkommen durcheinander
Rän – Regen
redde – reden
Rhing – Rhein
rich – reich
Riefe – Reifen
Ries – Reis
Riev – Reibeisen
Rievkooche – Reibekuchen
rigge – reiten
Röb – Rübe
röcke – rücken
rode – raten
Rögge – Rücken
Röggelche – Roggenbrötchen
rötsche – rutschen
rüche – riechen
rüh – roh
Rusemondaach – Rosenmontag
Rusing – Rosine
rut – rot
ruusche – rauschen

S

Saach – Sache
Schaaf – Schrank
Schabau – Schnaps
schad – schade
schäl – schielend, schlecht
schamme – schämen
schänge – schimpfen
Schavu – Wirsing
Scheff – Schiff
Schepp – Kelle
Scheß – Angst
Schiev – Scheibe
Sching – Schein
schläsch – schlecht
Schlecks – Schluckauf
Schleß – Heißhunger
schlofe – schlafen
Schlopp – Schleife
Schlot – Salat
Schlotjurk – Salatgurke
Schluffe – Pantoffel
Schmier – Polizei
schnigge – schneiden
schnuppe – naschen
Schnurres – Schnurrbart
Schnüss – Mund
schöckele – schaukeln
schödde – schütten
Schoss – Schublade
Schötzefeß – Schützenfest
schrieve – schreiben
Schukelad – Schokolade
Schull – Schule
Schutzmann – Polizist
schwaade – schwätzen
Schwäfelche – Streichholz
Schwazbrut – Schwarzbrot
secher – sicher
selvs – selbst
sibbe – sieben
Sick – Seite
sin – sind, sein
singe – singen
sinn – sehen
Sippschaf – Verwandte
Söck – Socken
söke – suchen
söns – sonst
Sorje – Sorgen
söß – süß
späder – später
Sparjes – Spargel
spazeere – spazieren
Spidol – Krankenhaus
Spöl – Abwasch
Sproch – Sprache
Sprüütcher – Rosenkohl
Stään – Stern
Stätz – Schwanz
stibitze – heimlich wegnehmen
stief – steif
Stöck – Stück
Stohl – Stuhl
stonn – stehen
Stöpp – Staub
strigge – streiten
Strof – Strafe
Stroß – Straße
stüsse – stoßen
suffe – saufen
Sundaach – Sonntag
Sunn – Sonne
Sunnesching – Sonnenschein
Suurbrode – Sauerbraten

T

Taat – Torte, Kuchen
Tach – Guten Tag
Täsch – Tasche
Täschedooch – Taschentuch
tireck – direkt
Titti – Kleinkind
tratsche – reden
trecke – ziehen
tredde – treten
Tröōt – Trompete
Trottewar – Bürgersteig

Trumm – Trommel
Tschüss – Auf Wiedersehen
tuusche – tauschen

U

üch – euch
Uhr – Ohr
Ül – Eule
un – und
Underbotz – Unterhose
unge – unten
unnötz – unnütz
ür – euer
usdun – ausziehen
usse – außen
ußer – außer
uuze – necken, foppen
üvrijens – übrigens
üvverall – überall
üvverbedde – überbieten
üvverdrage – übertragen
üvverdrieve – übertreiben
Üvverdroß – Überdruss
üvverdümpele – überrumpeln
üvverfahre – überfahren
Üvverfloß – Überfluss
üvverfoddere – überfordern
üvverfodere – überfüttern
üvverföhre – überführen
üvverhevve – überheben
üvverich – übrig
üvverlaat – überlegt
üvverlevve – überleben
üvversetze – übersetzen
üvversin – übersehen
üvverstölpe – überstülpen
üvverston – überstehen
Üvverzoch – Überzug

V

verbeede – verbieten
verdeene – verdienen
verdirve – verderben
verdun – vertun
verjliche – vergleichen
Verjnöje – Vergnügen
verkamesöle – verhauen
verleere – verlieren
verlevve – verleben
verlihne – verleihen
vermeddele – vermitteln
vermeede – vermieten
vermesse – vermissen
vermode – vermuten
Vermöje – Vermögen
verrode – verraten
verschött – verschwunden
versteche – verstecken
verstorve – abgestorben
versuffe – vertrinken (versaufen, aber auch für: ertrinken)
verwenne – verwöhnen
Verzäll – Geschwätz
vill – viel
vollbraht – vollbracht
vun – von
vür – vor
Vürwetznas – Vorwitznase

W

Wääch – Weg
waade – warten
waaße – wachsen
wääßele – wechseln
waggele – wackeln
wäje – wegen
Wedder – Wetter
Weech – Wiege
weed – wird
Weet – Wirt
Weetin – Wirtin
Weetschaff – Wirtschaft
welle – wollen
wesse – wissen
wick – weit
Weil – Weile
wieß – weiß
wigger – weiter
willkumme – willkommen
Wing – Wein
winnich – wenig
wödich – wütend
wohr – wahr
Wooch – Waage
Woosch – Wurst
Woot – Wut
Woozel – Wurzel
Worbele – Heidelbeeren

Z

zaat – zart
zabbele – zappeln
Zabel – Säbel
Zalat – Salat
Zaldat – Soldat
zälle – zählen
Zang – Zange
Zäng – Zähne
Zänk – Zank
Zemmer – Zimmer
Zerett – Zigarette
zesamme – zusammen
Zibbel – Zipfel
Zick – Zeit
zicklevvens – zeitlebens
ziddere – zittern
Zih – Zehe
Zijar – Zigarre
Zoch – Zug
zoesch – zuerst
zofredde – zufrieden
Zoot – Sorte
Zopp – Zopf
zoppe – tunken
Zupp – Suppe
zwesche – dazwischen

Register